PROPHETEN GESCHICHTEN
für kinder

Prophetengeschichten

Serie Islamisches Wissen für Kinder

Islamische Bücher Herausgeber

Published by Islamische Bücher Herausgeber, 2021.

Inhaltsverzeichnis

PROPHET ADAM^(A.S)

Von den Himmeln zur Erde

VOR LANGER, LANGER Zeit schuf Allah^(S.W.T.) dieses Universum. Dieses Universum wurde mit zahlreichen Himmelskörpern und sieben Himmeln geschaffen. Unter diesen schuf Allah viele Arten und Wesen. Zu dieser Zeit wurde die Erde von den Dschinn beherrscht, und die Himmel wurden von gehorsamen Engeln erfüllt. Doch ungeachtet dieser unzähligen Geschöpfe beschloss Allah, ein besonderes Lebewesen zu erschaffen. Ein Wesen, das alle Ränge im Wissen übertreffen wird, als die anderen Geschöpfe.

Also bat er seine Engel, Ton von der Erde zu sammeln. Die gehorsamen Engel sammelten Ton und Allah machte daraus eine menschenähnliche Figur und nannte ihn Adam^(A.S.).

Aber die Figur bewegte sich vierzig lange Jahre lang nicht. Sie stand dort einfach still. Als Iblees, der damals so etwas wie ein Lehrer der Engel war, diese Figur sah, war er verwirrt und verängstigt.

Nach vierzig Jahren hauchte Allah^(S.W.T.) Adam^(A.S.) seinen Geist ein. Als der Geist den Kopf der Gestalt erreicht hatte, hauchte Allah^(S.W.T.) Adam^(A.S.) seinen Geist ein. Er nieste. Als der Geist seine Augen erreichte, sah er all die erstaunliche Nahrung herumliegen. Dann erreichte der Geist seinen Magen, und Adam^(A.S.) fühlte sich hungrig. Der Prophet hatte die Früchte herumliegen sehen, und noch bevor der Geist überhaupt seine Beine erreichen konnte, sprang er auf die Frucht zu. Adam^(A.S.) kam herunter, da er seine Beine nicht bewegen konnte. Allah gab Adam^(A.S.) ein umfassendes Wissen über die Dinge. Allah lehrte Adam^(A.S.) die Namen aller Tiere im Paradies. Der Löwe, das Schaf, das Kamel, der Elefant, der Hund, der Pfau und viele viele andere.

Dann forderte Allah^(S.W.T.) alle Engel einschließlich der Iblees auf, sich vor Adam^(A.S.) als Zeichen des Respekts niederzuwerfen. Einer nach dem anderen warfen sich alle Engel vor dem Propheten nieder, mit Ausnahme der Iblees.

Iblees sagte, er sei besser und dem Propheten überlegen, und er sei aus Feuer gemacht. Er verstand den Willen Allahs nicht und weigerte sich, Allahs Befehl zu gehorchen.

Allah^(S.W.T.) wurde wütend über diesen Ungehorsam. Also verbannte er die Iblees aus dem Paradies. Von diesem Tag an wurde Iblees als "der Satan/Schaitaan" bezeichnet und in die Hölle geworfen. Er war nun ein Ausgestoßener. Shaitaan war nun wütend auf die Menschen, da er wegen ihnen aus dem Paradies verbannt wurde. Er gelobte, Rache zu nehmen, indem er die Menschen auf Allahs Weg in die Irre führte.

Allah^(S.W.T.) sagte dem Propheten Adam^(A.S.), dass er alle Früchte im Garten essen dürfe, bis auf eine. Allah sagte dem Propheten, dass er die Früchte des Baumes der Erkenntnis nicht essen dürfe, da es verboten sei. Er verbrachte die meiste Zeit damit, mit den Tieren im Paradies zu spielen. Nach einigen Jahren wurde der Prophet einsam, da es im Paradies keine anderen Menschen gab. Allah^(S.W.T.) sah dies, und so beschloss er, Adam^(A.S.) eine Frau zu geben.

Eines Nachts, als der Prophet schlief, schuf Gott die erste Frau, Hawwa (Eva). Als der Prophet aufwachte, war er glücklich, die Frau zu sehen. Seine Einsamkeit verschwand sofort.

Adam^(A.S.) fragte: "Wer sind Sie?"

"Allah hat mich geschaffen, damit ihr bei mir euren Frieden und eure Ruhe finden könnt", antwortete sie.

Allah^(S.W.T.) sagte zu ihnen: "Esst von diesem Paradies, alles was ihr euch wünscht. Beide lebten vierzig Jahre lang glücklich im Paradies. Aber Allah^(S.W.T.) warnte sie davor, auch nur in die Nähe dieses "Verbotenen Baumes" zu gehen.

Viele Jahre waren vergangen. Shaitaan wusste also, dass der Prophet die Worte Allahs vergessen haben musste. Shaitaan war immer noch wütend auf die Menschen. Er trat in Jannah ein und brachte sie durch einen falschen Schwur bei Allah dazu, von diesem Baum zu essen. Shaitaan sagte: Wenn ihr von diesem Baum esst, werdet ihr wie Engel werden. Ihr werdet unsterblich werden. Denken Sie darüber nach.

Adam^(A.S.) hat in seinem Leben noch nie jemanden lügen hören, also sind sie beide darauf hereingefallen. Der Prophet und seine Frau pflückten unwissentlich die Frucht und fingen an, sie zu essen. Aber noch bevor sie die Frucht zu Ende essen konnten, wussten sie, dass sie eine schwere Sünde begangen hatten. Jetzt sind sie von Schmerz, Trauer und Scham erfüllt. Sie erkannten, dass sie nackt waren. Denn sie rannten los, um sich mit Blättern zu bedecken. Jetzt hatten sie wirklich Angst, denn sie wussten, dass Allah sie für ihren Ungehorsam bestrafen würde.

Allah^(S.W.T.) sagte: "Habe ich euch nicht davor gewarnt, von diesem Baum zu essen? Dass der Shaitaan dein offener Feind ist."

Sie sagten: "O unser Herr! Wir haben uns selbst Unrecht zugefügt. Und wenn du kein Erbarmen mit uns hast, wenn du uns nicht vergibst, dann werden wir zu den Verlierern gehören."

Sie erkannten ihren Fehler, aber es war zu spät. Und nun mussten sie ertragen, was mit ihnen geschehen wird. Also wurden sie auf die Erde hinuntergeschickt. Sie kamen an verschiedenen Orten auf die Erde herunter. Und so begannen sie die Suche nach dem einen und dem anderen. Sie lernten sich kennen, sie fanden einander auf dem Berg von Arafat. Dort erneuerten sie ihr Leben auf der Erde. Schließlich ließen sie sich in der Nähe eines Flusses nieder.

Der Prophet wusste, dass das Leben auf der Erde sehr schwierig sein würde. Er musste ihnen ein Haus bauen, in dem sie leben konnten. Er musste hart arbeiten, um seine Familie zu ernähren. Sie hatten nun nicht mehr die Freuden, die sie im Paradies genossen.

Nach einigen Jahren gebar Hawwa Zwillinge, einen Jungen und ein Mädchen. Sie nannten den Jungen "Qabil". Qabil war nicht sehr hübsch, während Qabils Zwillingsschwester wunderschön war. Später gebar Hawwa noch einen weiteren Zwilling, wiederum einen Jungen und ein Mädchen. Dieses Mal nannten sie den Jungen "Habil". Habil war ein bisschen hübscher, aber seine Zwillingsschwester war nicht so attraktiv.

Sowohl Habil als auch Qabil sind erwachsen geworden. Qabil begann mit der Landwirtschaft, arbeitete auf dem Feld und baute Feldfrüchte an. Als Habil aufwuchs, wurde er Schafhirte und kümmerte sich um die Schafe. Als Habil und Qabil erwachsen wurden, beschloss der Prophet Adam[A.S.], sie zu heiraten. Da es auf der Erde keine anderen Weibchen gab, beschloss der Prophet, Qabil mit Habils Zwillingsschwester und Habil mit Qabils Zwillingsschwester zu verheiraten.

Qabil war nicht glücklich, da Habils Schwester nicht so schön war. Er wollte seine eigene Schwester heiraten. Es kam zu einem Streit, so dass der Prophet Adam[A.S.] sie zusammenbrachte und das Problem durch ein Opfer für Allah[S.W.T.] löste. Es wurde beschlossen, dass diejenige, deren Opfer angenommen wird, Qabils Schwester heiraten wird.

Habil sammelte die schönsten und besten Schafe aus seiner Herde und opferte sie Allah[S.W.T.] als Opfer. Doch Qabil wollte nicht das beste Obst und Gemüse als Opfergabe darbringen. Stattdessen wählte er das schlechte Gemüse und Getreide als Opfergabe. Allah[S.W.T.] akzeptierte das Opfer von Habil, lehnte aber das von Qabil ab. Der Prophet Adam[A.S.] war anwesend, als sie ihre Opfer brachten, und es wurde beschlossen, dass Habil Qabils Schwester heiraten würde. Qabil war überhaupt nicht glücklich. Er war so wütend, dass er Habil töten wollte.

Eines Tages kam Habil spät nach Hause, und der Prophet bat Qabil, ihn zu suchen. Qabil begab sich auf die Suche nach Habil auf die Felder. Endlich fand er Habil auf dem Weg nach Hause. Qabil war immer noch wütend auf Habil.

"Ihr Angebot wurde angenommen, aber meins nicht. " sagte Qabil.

Habil antwortete:"Allah[S.W.T.] nimmt nur von denen an, die Ihn fürchten. "

Qabil war wütend, dies zu hören, und hob einen Stein auf, um Habil zu schlagen. Habil sah dies, und obwohl er größer und stärker als Qabil war, hielt ihn die Frömmigkeit Allahs[S.W.T.] auf. Er sagte: "Selbst wenn du deine Hand ausstreckst, um mich zu töten, werde ich niemals meine Hand ausstrecken, um dir zu schaden, weil ich Allah fürchte. "

Diese Bemerkung verärgerte Qabil weiter, und er schlug ihn mit dem Stein, der ihn sofort tötete. Als Qabil merkte, dass Habil tot war, war er entsetzt und wusste nicht, was er tun sollte. Er wollte nicht, dass sein Vater erfuhr, was er getan hatte. Also begann er darüber nachzudenken, wie er seine Sünde verbergen könnte. Qabil wanderte mit dem toten Körper von Habil von Ort zu Ort und versuchte, sie zu verbergen. Da sah er zwei Krähen, die miteinander kämpften, und versuchte, sie zu verbergen. Während des Kampfes tötete eine Krähe die andere, und die tote fiel zu Boden.

Die siegreiche Krähe kratzte und grub ein Loch in den Boden. Er begrub die tote Krähe in dem Loch. Dann füllte er das Loch mit Schlamm. Das brachte Qabil auf die Idee, und wie die Krähen grub er ein Loch in den Boden und begrub den Leichnam seines Bruders darin.

Dies war die erste Beerdigung eines Mannes. Qabil schämte sich für das, was er getan hatte. Er bedauerte, aber er bereute es nicht. Er bat Allah^(S.W.T.) nicht um Vergebung. Shaitaan hatte ihn für sich gewonnen, und er wusste, dass er nicht mehr zu seiner Familie zurückkehren konnte.

Die Nachricht kam zuerst zu ihrer Mutter, Hawwa. Dann begann sie zu weinen. Der Prophet Adam^(A.S.) wusste, was geschehen war, und er trauerte über den Verlust seines Sohnes. Er hatte seine beiden Söhne verloren; einer war tot, und Shaitaan führte den anderen in die Irre. Er warnte seine anderen Kinder vor Shaitaan und bat sie, den Befehlen Allahs^(S.W.T.) stets zu gehorchen.

Der Prophet Adam^(A.S.) war alt geworden, und seine Kinder liebten ihn sehr. Als der Prophet Adam^(A.S.) erkannte, dass sein Tod nahe war, ernannte er Seth^(A.S.) zum Nachfolger seiner Familie.

sagte er zu seinen Kindern: "O meine Kinder, in der Tat verspüre ich Appetit auf die Früchte des Paradieses".

Also machten sie sich auf die Suche nach dem, was Adam^(A.S.) verlangt hatte. Sie trafen sich mit den Engeln, die seine Decke bei sich hatten und womit er einbalsamiert werden sollte.

Engel sagten zu ihnen: "O Kinder Adams, was sucht ihr? Was wollt ihr? Wo wollt ihr hin?"

Sie sagten: "Unser Vater ist krank und hat Appetit auf die Früchte des Paradieses".

Die Engel sagten zu ihnen: "Geht zurück, denn euer Vater wird bald sein Ende finden."

So kehrten sie mit den Engeln zurück. Als Hawwa sie sah, erkannte sie sie wieder. Sie versuchte, sich hinter Adam^(A.S.) zu verstecken.

"Lass mich in Ruhe. Ich bin vor euch gekommen; geht nicht zwischen mich und die Engel meines Herrn." Er sagte.

Dann stand der Todesengel neben ihm. Er versammelte seine Kinder auf seinem Sterbebett und erinnerte sie mit den Worten

"Allah^(S.W.T.) wird Gesandte zu Ihnen schicken. Er wird Sie nicht allein lassen. Die Propheten hätten verschiedene Namen, Charaktereigenschaften und Wunder, aber sie wären in einer Sache vereint, ihre Botschaften werden alle eins sein: der Ruf, Allah allein anzubeten, den Einen, der dich gemacht hat. Und sich von den Schaitanern fernzuhalten. Die größte Sünde, die man begehen kann, ist, einen Partner mit dem Schöpfer in Verbindung zu bringen".

Nachdem er seine Kinder daran erinnert hatte, nahm ihm der Todesengel seine Seele weg. Er starb friedlich. Er war froh zu gehen, weil er wusste, dass er zu Allah$^{(S.W.T.)}$ zurückkehren würde· Wie der Prophet Muhammad (P.B.U.H) sagte: "Das Geschenk eines wahren Gläubigen ist der Tod.

Seine Söhne balsamierten und wickelten ihn ein, gruben das Grab und legten ihn hinein. Sie beteten für ihn und legten ihn in sein Grab und sagten:

"O Kinder Adams, das ist eure Tradition zum Zeitpunkt des Todes."

PROPHET NUH^(A.S)

Als Überschwemmungen die ganze Menschheit an Land ertränkten

ALLAH^(S.W.T.) sandte den Propheten Nuh (Noah)^(A.S.) auf die Erde, tausend Jahre nachdem er den Propheten Adam^(A.S.) gesandt hatte. Bis dahin hatte die Bevölkerung auf der Erde um viele Falten zugenommen, und zu dieser Zeit hatte der böse "Shaitaan" der Menschheit seine schmutzigen Streiche gespielt und die Menschen dazu gebracht, Götzen anzubeten. Während dieser Zeit sandte Allah^(S.W.T.) einen weiteren Propheten auf die Erde.

Der Prophet Nuh^(A.S.) führte die Menschen zurück zur Anbetung des einen Gottes, Allah^(S.W.T.), aber es wäre keine leichte Aufgabe für den Propheten. Nuh^(A.S.) war ein hervorragender Redner und ein sehr geduldiger Mann. Er wies sein Volk auf die Geheimnisse des Lebens und die Wunder des Universums hin. Er wies darauf hin, dass auf die Nacht regelmäßig der Tag folgt und dass das Gleichgewicht zwischen diesen Gegensätzen von Allah dem Allmächtigen zu unserem Wohle geschaffen wurde. Die Nacht gibt Kühle und Ruhe, während der Tag Wärme spendet und Aktivität weckt. Die Sonne fördert das Wachstum und hält alle Pflanzen und Tiere am Leben, während der Mond und die Sterne bei der Berechnung von Zeit, Richtung und Jahreszeiten helfen. Er wies darauf hin, dass das Eigentum an Himmel und Erde nur dem göttlichen Schöpfer gehört.

Deshalb, so erklärte er diesem Volk, könne es nicht mehr als eine Gottheit gegeben haben. Er klärte sie darüber auf, wie der Teufel sie so lange getäuscht hatte und dass die Zeit gekommen sei, diese Täuschung zu beenden. Nuh^(A.S.) sprach zu ihnen von Allahs Verherrlichung des Menschen, wie ER ihn erschaffen und ihn mit Nahrung und den Segnungen eines Geistes versorgt habe. Er sagte ihnen, dass die Götzenanbetung für den Geist eine erstickende Ungerechtigkeit sei. Er warnte sie, niemanden außer Allah anzubeten, und beschrieb die furchtbare Strafe, die Allah verhängen würde, wenn sie in ihrer bösen Art und Weise fortfuhren.

"Fürchtet Allah und tut, was Allah sagt", rief der Prophet allen zu.

Aber die Menschen wollten nicht zuhören. Sie schüttelten den Kopf und fuhren fort, die Götzen zu verehren. Der Prophet war ein ausgezeichneter Redner, und er war auch sehr geduldig.

"Versteht ihr denn nicht, dass es Allah war, der diese ganze Welt erschaffen hat", rief der Prophet. "Es war Allah, der die Sonne, den Mond und die Sterne erschaffen hat, die Sie am Himmel sehen. Er schuf die Flüsse, die Berge, die Bäume und alles, was ihr ringsum seht. Er tat all dies für dich, und nur für dich. Warum erweist du ihm dann keinen Respekt? Warum verehrst du diese Götzen?"

Aber die Menschen kehrten ihm den Rücken zu und sagten,

"Huh! Wer sind Sie, dass Sie uns beraten? Sie sind nur ein anderer Mann. Und wir glauben, dass Sie lügen. Gehen Sie weg und lassen Sie uns in Ruhe!"

Aber es gab auch gute Muslime auf der Erde, aber die meisten von ihnen waren schwach und arm. Sie hörten auf die Worte des Propheten und erkannten, dass sie eine Sünde begingen, indem sie die Götzen anbeteten.

Nun gab es zwei verschiedene Gruppen von Menschen auf der Erde; eine, die Allah^(S.W.T.) anbetete, und die anderen, die die Götzenanbetung fortsetzten.

Nuh^(A.S.) predigte viele Jahre lang weiter zu den Menschen. Die Götzenanbeter waren bald erschöpft von der Predigt des Propheten.

"Sie haben lange genug Lügen gepredigt", sagten sie, "Wir werden Sie steinigen, wenn Sie nicht aufhören.

Doch der Prophet ignorierte sie und rief das Volk weiterhin unermüdlich zu Allah auf. Er predigte zu ihnen während des Tages und der Nacht. Bei vielen Gelegenheiten steinigten ihn die Götzenanbeter, während sie zu der Menge predigten. Sie schlugen ihn sogar mit den Stöcken.

"Ihr seid nicht anders als wir", riefen die Götzendiener. "Ihr seid kein Prophet. Du bist nur ein anderer Mensch. Und warum sollten wir auf dich hören?"

"Ich sage euch die Wahrheit", sagte der Prophet zu ihnen. "Ihr begeht eine Sünde, indem ihr die Götzen anbetet."

"Ich habe Angst um Sie! Allah wird dich eines Tages strafen", rief ihnen der Prophet zu.

Aber die Menschen hatten keine Scham. Sie sagten: "Er ist ein Narr, hört nicht auf ihn."

All dieser Schmerz ließ den Propheten Nuh^(A.S.) nicht aufhören, das Volk anzurufen. Neunhundertfünfzig Jahre lang predigte er weiter zu ihnen. Die Ungläubigen machten sich immer wieder über den Propheten lustig, und inzwischen hatten sie es zu weit getrieben. Nuh^(A.S.) war enttäuscht, während die Zahl der Ungläubigen immer größer und größer wurde. Eines Abends, als der Prophet seine Spieler opferte, sprach Allah^(S.W.T) zu ihm.

"Sei nicht traurig, Nuh."

"Sie haben getan, was von Ihnen verlangt wurde. Ich werde alle Menschen auf der Erde für ihr Fehlverhalten bestrafen. Alle Menschen auf der Erde werden sterben, außer den Gläubigen und den Tieren", sagte Allah (S.W.T).

Als ersten Schritt bat Gott den Propheten, mehrere Bäume zu pflanzen. Nuh^(A.S.) verstand den Grund dafür nicht, aber er hörte auf Allah und begann, wie ihm gesagt wurde, Bäume zu pflanzen. Er bat auch die Gläubigen, auf ihn zu hören und dasselbe zu tun. Sie taten dies mehr als hundert Jahre lang.

Nach vielen Jahren befahl Allah^(S.W.T.) dem Propheten wieder. Dieses Mal bat er den Propheten, mit dem Bau eines Schiffes zu beginnen. Es muss ein riesiges Schiff sein, das ein Paar von jedem Tier auf der Erde aufnehmen kann.

Der Prophet war verwirrt, da er nicht wusste, wie man ein Schiff baut, weil noch nie jemand ein Schiff gebaut hatte. Trotzdem begann der Prophet mit Hilfe seiner Jünger mit dem Bau des Schiffes. Zuerst machten sie Pläne für den Bau des Schiffes. Einige sagen, es habe eine Länge von sechshundert Fuß gehabt, und andere sagen, es habe eine Länge von vierundzwanzighundert Fuß gehabt. Was auch immer es war, das Schiff würde mit Sicherheit ein gigantisches Schiff sein.

"Wir werden euch helfen, das Schiff zu bauen", sagten seine Kinder und die Gläubigen, und sie schlossen sich dem Propheten an. Zuerst musste der Prophet einen Ort für den Bau des Schiffes wählen. Er wählte die Berge weit weg von der Stadt. Der Prophet sammelte die Werkzeuge und machte sich auf den Weg, das Schiff zu bauen. Sie fingen an, die Bäume für Holz zu fällen. Ja! Es waren dieselben Bäume, die er vor mehr als hundert Jahren gepflanzt hatte. Dann fingen sie an, das Schiff nach dem Plan zu bauen. Die Männer arbeiteten sehr hart, Tag und Nacht, um das Schiff zu bauen.

Als die Ungläubigen sahen, wie sie auf dem Gipfel eines Berges ein Schiff bauten, begannen sie sich über sie lustig zu machen.

"Haha! Du bist so ein alter Narr", sagten sie. "Wozu brauchst du denn ein so riesiges Schiff?", sagte der andere. "Und wie willst du es aufs Meer bringen?"

"Sie würden es sehr bald erfahren", antwortete der Prophet Nuh^(A.S.). Die Menschen wussten nicht, warum der Prophet das Schiff baute. Sie dachten, er habe den Verstand verloren.

Der Prophet und seine Männer arbeiteten hart weiter. Nach vielen Monaten war das Schiff endlich fertig. Sie dankten Allah^(S.W.T.) dafür, dass er ihnen geholfen hatte, das Schiff fertigzustellen. Die Zeit der Flut rückte von Tag zu Tag näher. Eines Nachts sagte Allah dem Propheten, dass er an dem Tag mit der Überflutung der Erde beginnen werde, an dem der Prophet Wasser aus dem Ofen in seinem Haus kommen sieht.

Dieses riesige, vom Propheten gebaute Schiff hatte drei verschiedene Sektionen. Es ist für verschiedene Arten von Tieren bestimmt. Der oberste war für Vögel. Der zweite Teil der Struktur war für Menschen, und der dritte Teil war für die Tiere.

Als der Tag der Überschwemmung näher rückte, begannen Tiere und Vögel nacheinander einzutreffen. Sie kamen paarweise an, ein Männchen und ein Weibchen. Es gab Elefanten, Giraffen, Löwen, Kaninchen und verschiedene Vogelarten. Bald füllte sich das Schiff mit der ganzen Vielfalt von Tieren und Vögeln der Erde.

Eines Tages, wie Allah^(S.W.T.) dem Propheten Nuh^(A.S.) gesagt hatte, kam plötzlich Wasser aus dem Herd in seiner Küche. Das war das Zeichen, auf das Nuh^(A.S.) gewartet hatte. Er begriff, dass die Zeit der Flut gekommen war. Als er hinausging, sah er, dass es auch zu regnen begonnen hatte. Schnell rannte er hinaus und rief alle Gläubigen, die ihm beim Bau des Schiffes geholfen hatten. Er bat sie alle, auf einmal an Bord des Schiffes zu gehen.

Die Ungläubigen verstanden nicht, was vor sich ging. Also lachten sie weiter über den Propheten und seine Jünger.

"Seht euch diese Narren an!", sagten sie. "Was wird er mit all diesen Tieren und Menschen machen?"

Der Prophet ignorierte sie und bat seine Frauen und Söhne, schnell an Bord des Schiffes zu gehen. Alle gehorchten ihm, bis auf eine seiner Frauen und ihren Sohn, die nicht seine Anhänger sind.

"Ich werde mich aus dem Wasser retten", sagte sein Sohn. "Mach dir keine Sorgen um mich."

Die Wasserstände sind inzwischen angestiegen. Also rannte der Prophet Nuh$^{(A.S.)}$ an Bord des Schiffes. Eine schreckliche Flut brach aus, und die Wasserstände stiegen rapide an. Die Erdkruste bewegte sich, und der Meeresboden begann zu steigen, was dazu führte, dass die Trockengebiete überflutet wurden. Auch der Regen hörte stundenlang nicht auf.

Bis dahin hatten die Menschen begriffen, dass das, was der Prophet ihnen sagte, mit Sicherheit wahr war. Sie liefen in Richtung der Berge, um sich selbst zu retten. Der Prophet sah, dass seine Frau und sein Sohn einen Berg bestiegen, um dem Wasser zu entkommen. Also rief er ihnen zu,

"Komm schon! Entern Sie das Schiff! Rette dich!"

Aber sie ignorierten ihn und kletterten auf den Gipfel des Berges. Dann kam eine riesige Welle, größer als der Berg, auf dem sie standen, und traf sie. Diese gewaltigen Wellen fegten weg und töteten alle Ungläubigen. Das Wasser stieg und stieg, und nach einiger Zeit war die Erde vollständig mit Wasser gefüllt.

Dann sagte der Prophet Nuh$^{(A.S.)}$ "Bismillah!"

Als der Prophet diese Worte aussprach, setzte sich das Schiff in Bewegung. Die Regenfälle hatten inzwischen aufgehört, aber die ganze Erde war mit Wasser gefüllt. Der Prophet wusste, dass er noch lange Zeit weitersegeln musste. Auf dem Schiff befanden sich achtzig Menschen, und der Prophet hatte Vorkehrungen getroffen, um genügend Nahrung für die Menschen und die Tiere zu lagern. Allah$^{(S.W.T.)}$ hatte das alles geplant. Er machte das Schiff sowohl für die stillen Schafe als auch für den gewalttätigen Löwen geeignet. Alle gewalttätigen Tiere waren von der einen oder anderen Krankheit befallen.

Sie alle lebten zusammen, aber der Prophet hatte wegen der Ratten große Schwierigkeiten. Sie liefen überall auf und ab, knabberten hier und da. Sie waren wirklich die Unruhestifter, und so betete der Prophet zu Gott, und dann war es so weit: Allah schuf die Katzen.

Die Katzen jagten die Ratten, und nach einiger Zeit begannen auch die Ratten, sich zu benehmen. Es war schwierig, mit all den anderen Arten auf dem engen Raum eines Schiffes auszukommen, aber Allah$^{(S.W.T.)}$ löste viele Probleme, mit denen der Prophet Nuh$^{(A.S.)}$ während der Reise konfrontiert war.

Sie segelten etwa einhundertfünfzig Tage lang, konnten aber nirgendwo Land finden, das sie sehen konnten. Der Prophet wartete zusammen mit den Gläubigen viele Tage lang und wartete und wartete. Nuh^(A.S.) beschloss dann, eine große Krähe zu schicken, um zu sehen, ob er irgendwo Land finden konnte, aber die Krähe kehrte überhaupt nicht zurück. Dann schickte der Prophet eine Taube auf die Suche nach dem Land. Die Taube flog weg und kehrte nach einigen Tagen mit einem Zweig des Olivenbaums im Schnabel zurück.

Der Prophet und seine Jünger waren begeistert, da sie wussten, dass sie dem Land nahe waren. Das Schiff segelte noch einige Zeit weiter und erreichte schließlich die Spitze des 'Judi-Berges'.

Nuh^(A.S.) sagte 'Bismillah!' und das Schiff hörte auf, sich zu bewegen. Mit der Erteilung des göttlichen Befehls kehrte Ruhe auf die Erde zurück, das Wasser zog sich zurück, und das trockene Land strahlte wieder in den Strahlen der Sonne. Die Flut hatte die Erde von den Ungläubigen und Polytheisten gereinigt.

Nach über einhundertfünfzig Tagen Reise war ihre Reise endlich zu Ende. Der Prophet und andere Gläubige stiegen aus dem Schiff. Und das erste, was er tat, war, die Stirn auf den Boden zu legen und sich niederzuwerfen. Der Prophet ließ zuerst alle Tiere, Vögel und Insekten ins Land frei. Die Überlebenden entzündeten ein Feuer und setzten sich darum herum. Das Entzünden eines Feuers war auf dem Schiff verboten worden, um das Holz des Schiffes nicht zu entzünden und es zu verbrennen. Keiner von ihnen hatte während der gesamten Dauer des Brandes warme Nahrung zu sich genommen. Nach der Ausschiffung gab es einen Tag des Fastens zum Dank an Allah^(S.W.T.).

Sie gingen hinaus und bevölkerten die Erde wieder. Das war ein Neuanfang für die menschliche Rasse, und die Erde begann wieder zu bevölkern.

"Mit Ausnahme derer, die geduldig sind und rechtschaffene Taten vollbringen; diese werden Vergebung und eine große Belohnung erhalten". [Hud 11:11]

PROPHET ISMAEL^(A.S)

Das Opfer Des Propheten

DAS UNBEWOHNTE TAL VON MAKKAH

Nachdem Allah$^{(S.W.T)}$ den Propheten Ibrahim$^{(A.S)}$ mit einem Kind gesegnet hatte, wurde er nach einiger Zeit angewiesen, sich mit seiner Frau und seinem Sohn an einen Ort zu begeben. Er wachte auf und sagte seiner Frau Hajara$^{(R.A)}$, sie solle ihren Sohn holen und sich auf eine lange Reise vorbereiten. Das Kind wurde noch gestillt und noch nicht entwöhnt.

Der Prophet Ibrahim$^{(A.S)}$ wanderte durch kultiviertes Land, Wüste und Berge, bis er die Wüste der arabischen Halbinsel erreichte und zu einem unkultivierten Tal kam, in dem es keine Früchte, keine Bäume, keine Nahrung und kein Wasser gab. Das Tal hatte kein Lebenszeichen, und es war ein sehr sehr heißer Ort. Nachdem Ibrahim$^{(A.S)}$ seiner Frau und seinem Kind beim Absteigen geholfen hatte, ließ er sie mit einer kleinen Menge an Nahrung und Wasser zurück, die kaum für zwei Tage ausreichte. Er drehte sich um und ging weg. Seine Frau eilte ihm nach und fragte ihn: "Wohin gehst du, Ibrahim, und lässt uns in diesem öden Tal zurück?"

Ibrahim$^{(A.S)}$ antwortete ihr nicht, sondern ging weiter. Sie wiederholte, was sie gesagt hatte, aber er blieb stumm. Schließlich verstand sie, dass er nicht aus eigener Initiative handelte. Sie erkannte, dass Allah ihm dies befohlen hatte. Sie fragte ihn:

"Hat Allah Ihnen das befohlen?" antwortete er: "Ja." Dann sagte seine große Frau: "Wir werden nicht verloren gehen, denn Allah, der euch befohlen hat, ist mit uns."

Hajara$^{(R.A)}$ säugte weiterhin Ismael$^{(A.S)}$ und trank aus dem Wasser, das sie hatte. Als das Wasser im Wasserfell aufgebraucht war, wurde sie durstig, und auch ihr Kind wurde durstig. Sie begann, seinen Sohn zu betrachten, der sich im Todeskampf warf.

Sie sagte zu sich selbst: "Nein, ich muss mich anstrengen und versuchen, etwas zu essen zu finden."

Sie verließ ihn, weil sie es nicht ertragen konnte, ihn anzusehen, und stellte fest, dass der Berg 'As-Safa' der nächstgelegene Berg in diesem Land war. Sie ging den Berg hinauf und begann, das Tal scharf zu betrachten, damit sie jemanden sehen konnte, aber bis zum Horizont war niemand da.

Dann stieg sie "As-Safa" hinab und rief Allah um Hilfe an. Als sie das Tal erreichte, zog sie ihr Gewand an und lief im Tal wie ein Mensch in Not und Elend, bis sie das Tal durchquerte und den Berg 'Al-Marwa' erreichte. Dort stand sie und begann zu schauen und erwartete, jemanden zu sehen, aber sie konnte niemanden sehen. Sie betete zu Allah um Nahrung und wiederholte dies, indem sie sieben Mal zwischen As-Safa und Al-Marwa hin- und herlief.

Der Prophet Muhammad$^{(S.A.W.W)}$ sagte:

"Dies ist die Quelle der Tradition der Sa'ye, (Rituale der Hajj, Pilgerfahrt) des Laufens von Menschen zwischen Bergen (As-Safa und Al-Marwa)."

Als sie Al-Marwa zum letzten Mal erreichte, hörte sie eine Stimme und bat sich, still zu sein und aufmerksam zuzuhören.

Sie hörte die Stimme wieder und sagte: "Oh, wer immer du auch sein magst! Du hast mich deine Stimme hören lassen; hast du etwas, das mir hilft?"

Und siehe da! Sie sah einen Engel, der mit seiner Ferse (oder seinem Flügel) die Erde umgrub, bis Wasser aus diesem Ort strömte. Nachdem sie Allah dem Allmächtigen gedankt hatte, fing sie an, so etwas wie ein Becken darum zu machen und begann, ihre Wasserhaut zu füllen. Sie sagte "zam-zam", was "aufhören, fließendes Wasser zu stoppen" bedeutet.

Der Prophet Muhammad[(S.A.W.W)] sagte:

"Möge Allah der Mutter Ismaels Gnade schenken! Hätte sie das Zam-Zam fließen lassen, ohne zu versuchen, es zu kontrollieren, oder hätte sie nicht aus diesem Wasser geschöpft, um ihre Wasserhaut zu füllen, wäre das Zam-Zam ein auf der Erdoberfläche fließender Strom gewesen."

Dann trank sie Wasser und säugte ihr Kind. Der Engel sagte zu ihr: "Habt keine Angst, vernachlässigt zu werden, denn dies ist das Haus Allahs, das von diesem Jungen und seinem Vater erbaut wird, und Allah vernachlässigt niemals Sein Volk. Die Ka'ba befand sich damals auf einer Anhöhe, die einem Hügel glich, und wenn Sturzbäche kamen, flossen sie rechts und links davon.

In jener Zeit, als Karawanen durch diese Wüsten zogen, suchten sie als Zeichen für das Vorhandensein des Wassers nach Vögeln. So zog der Clan der "Jurhum" in der Nähe dieses Tals vorbei und bemerkte einige Vögel mitten im Nirgendwo. Sie hatten sie nicht erwartet, wahrscheinlich waren sie schon einmal gereist und wussten, dass es in dieser Region kein Gewässer gibt.

Sie beschlossen, einen ihrer Männer zu schicken, um den Vögeln bis zum Wasserziel zu folgen. Er erreichte das Tal von Makkah und sah Bibi Hajara[(R.A)] mit ihrem Kind. Er ging zu seinen Leuten zurück und erklärte ihnen die Situation. Sie waren sehr erstaunt über die Anwesenheit von sprudelndem Wasser im Tal.

Sie erreichten Bibi Hajara[(R.A)] und fragten sie: "Stört es Sie, wenn wir hier wohnen?

Sie erkannte, dass diese Menschen einen guten Charakter haben und dass sie zivilisiert und kultiviert sind.

Sie sagte zu ihnen: "Ihr könnt hier leben und von diesem Wasser profitieren, wie ihr wollt, aber es ist unser Eigentum, nicht eures. Dieses Wasser gehört uns."

Sie machten das Tal zu ihrem Lebensraum und waren sehr glücklich über die Großzügigkeit von Bibi Hajara[(R.A)]. Der Prophet Ismael[(A.S)] wuchs unter ihnen auf und sie liebten ihn so sehr. Sie waren reine Araber, also lehrten sie ihn Arabisch. In der Zwischenzeit besuchte sein Vater, der Prophet Ibrahim^(A.S), sie gelegentlich. Er war ziemlich glücklich, die Menschen im Tal in Harmonie leben zu sehen.

DAS OPFER DES PROPHETEN

Einmal, als der Prophet Ibrahim^(A.S) in Mekka weilte, hatte er einen Traum.

Er sah sich dabei, wie er seinen Sohn Ismael abschlachtete.

Der Prophet Ibrahim^(A.S) befand sich in einer sehr schwierigen Lage, denn es war eine große Prüfung für den Propheten als Vater.

"Schlachte deinen Sohn ab." Das göttliche Gebot sagte: "Schlachte deinen Sohn."

Der Prophet sagte im Gehorsam: "O Allah! Wir haben es gehört und gehorchen, ungeachtet dessen, was du befiehlst."

Er wusste, dass Allahs Befehl ausgeführt werden muss. Am folgenden Tag erzählte der Prophet Ibrahim^(A.S) seinem Sohn den Traum.

"Oh mein Sohn, ich habe in einem Traum von Allah^(S.W.T). die Anweisung erhalten, dich zu opfern. Also, was soll ich deiner Meinung nach tun?"

Der Prophet Ismael^(A.S) antwortete: "O mein Vater, tu, was Allah dir befohlen hat. Du wirst mich unter denen finden, die geduldig sind."

Dies zeigt den Gehorsam der Propheten gegenüber dem Willen Allahs. Ein wahres Herz, das Allah fürchtet und ihm gehorcht.

Dann nahm der Prophet Ibrahim^(A.S). Ismael^(A.S) seiner Mutter weg und suchte nach einem Ort, an dem er seinen Sohn abschlachten konnte. Unterwegs kam Iblees und versuchte, Ibrahim^(A.S) von der Erfüllung von Allahs Befehl abzuhalten.

Sagte Iblees: "O Ibrahim! Willst du wirklich deinen eigenen Sohn abschlachten? Du hast nur einen Traum gesehen; vielleicht war es nur ein Traum."

Der Prophet Ibrahim^(A.S) griff Steine und warf sie nach ihm. Iblees versuchte dann, Ismaels^(A.S)-Entscheidung zu erschüttern, also steinigte er auch Iblees. Dieser Akt wurde zu dem Teil der Hadsch, in dem die Muslime diese drei verschiedenen Würfe werfen, als Erinnerung daran, dass man, wenn man versucht, etwas für Allah zu tun, fest und stark sein muss.

Sowohl der Vater als auch der Sohn fanden einen großen Stein, der geeignet war, Ismael^(A.S) darauf zu legen und ihn abzuschlachten.

Ismael^(A.S) kannte die Zuneigung seines Vaters zu ihm, sagte er:

"O Vater! Mache mein Gesicht zum Boden, damit du, wenn du mir ins Gesicht schaust, während du schlachtest, von Sympathie überwältigt wirst und aufhörst, mich zu opfern. Schärfe dein Messer, damit du mich schnell abschlachten kannst und den Befehl Allahs^(S.W.T) erfüllst.

Nun, als Ibrahim^(A.S) das Messer ergriff, es Ismael^(A.S) an den Hals hielt und begann, ihn zu schlachten, drehte sich das Messer auf der anderen Seite. Er versuchte es erneut, aber das Messer schnitt Ismael^(A.S) nicht die Kehle durch, weil es Allahs Befehl an das Messer war, nicht zu schneiden.

Der Prophet Ibrahim^(A.S) versuchte es ein letztes Mal mit voller Kraft, und das Messer begann, den Hals zu durchschneiden, aber es war nicht der Hals des Propheten Ismael^(A.S). Allah^(S.W.T) ersetzte Ismael^(A.S) durch einen Widder aus dem Paradies. Ibrahim^(A.S) schaute und sah, dass es ein Widder war.

Allah rief Ibrahim^(A.S) zu:

"O Ibrahim! Du bist in der Tat ehrlich zu uns. Wir haben dich geprüft, und du hast die Prüfung bestanden. Dies war in der Tat eine klare Prüfung."

Sowohl der Vater als auch der Sohn bestanden den ultimativen Test.

DIE GRÜNDUNG VON KA'BAH

Die Tage vergingen. Der Prophet Ibrahim^(A.S) blieb ihnen so lange fern, wie Allah es wünschte, und dann kam eines Tages ein weiterer Befehl von Allah^(S.W.T): ein Haus als Symbol der Einheit Allahs, des Allmächtigen, zu bauen.

Also ging Ibrahim^(A.S) in das Tal von Makkah und sah Ismael^(A.S) unter einem Baum in der Nähe von Zam-Zam sitzen und seine Pfeile schärfen. Als Ismael^(A.S) seinen Vater sah, erhob er sich, um ihn zu begrüßen, und sie grüßten einander, wie ein Vater seinen Sohn oder ein Sohn seinen Vater begrüßt.

sagte Ibrahim^(A.S): "O Ismael! Allah hat mir einen Befehl gegeben."

Ismael^(A.S) antwortete: "Tu, was dein Herr dir befohlen hat. "

"Werden Sie mir helfen?"

Ismael^(A.S) sagte: "Ja, ich werde Ihnen helfen."

sagte Ibrahim^(A.S): "Allah hat mir befohlen, hier ein Haus zu bauen", wobei er auf einen Hügel zeigte, der höher liegt als das ihn umgebende Land.

Dann legten sie das Fundament des Hauses (die Ka'bah). Der Prophet Ismael^(A.S) brachte die Steine, während der Prophet Ibrahim^(A.S) die Mauern baute. Als die Mauern hoch wurden, brachte Ismael$^{(A.S)}$ einen Stein und stellte ihn für Ibrahim$^{(A.S)}$, der darüber stand und weiter baute. Als sie weiter hoch wurde, veranlasste Allah SWT den Stein, auf dem Ibrahim$^{(A.S)}$ stand, sich zu heben, wenn er den Stein setzte, und sich zu senken, wenn Ibrahim$^{(A.S)}$ einen anderen Stein auswählen musste.

Während Ismael$^{(A.S)}$ ihm die Steine überreichte, sagten beide:

"Unser Herr! Nimm diesen Dienst von uns an, wahrlich, du bist der Allhörende, der Allkundige".

(Kap. 2:127-Qur'an)

Und als das Haus gebaut wurde, gab es noch eine Ecke, um einen Felsen zu befestigen. dachte Ibrahim$^{(A.S)}$ bei sich,

"Ich musste einen richtigen Stein in diese Ecke setzen, der in die Wand passt und sie vervollständigt."

Ismael$^{(A.S)}$ ging auf die Suche nach dem Stein, konnte ihn aber nicht finden. Als er zurückkam, sah er dort einen wunderschönen Felsen.

Ibrahim$^{(A.S)}$ sagte: "Allah schickte mir einen Stein aus Jannah."

Dies ist der Fels, den wir heute "Al-Hajar Al-Aswad" nennen. Damals war er weiß, wurde aber durch die Sünden der Menschen schwarz.

Im Laufe der Zeit begannen sich im Tal von Mekka Zivilisation und Siedlungen zu entwickeln. Der Prophet Ismael$^{(A.S)}$ mischte sich unter den jemenitischen Stamm "Jurhum" und beherrschte fließend die arabische Sprache und überbrachte dem Volk die Botschaft von Allah$^{(S.W.T)}$. Von den Nachkommen des Propheten Ismael$^{(A.S)}$ stammt der Stamm "Quraish", und von den Quraish kommt "Hashim". Abdul Mutallib$^{(R.A)}$ war ein "Hashmi", der der Großvater des Propheten Muhammad$^{(S.A.W.W)}$ ist.

Allah$^{(S.W.T)}$ beschreibt die schönen Eigenschaften des Propheten Ismael$^{(A.S)}$ im Koran,

"Und erwähnt im Buch: Ismael. In der Tat war er treu zu seiner Verheißung, und er war ein Bote und ein Prophet. Und er verlangte von seinem Volk Gebet und Zakah und gefiel seinem Herrn."

PROPHET YUSUF(A.S)

Der schönste Mann & Der Traumdeuter

DIES IST DIE DETAILLIERTESTE und faszinierendste Geschichte im Koran, die sowohl menschliche Schwächen wie Eifersucht, Hass, Stolz, Leidenschaft, Täuschung, Intrigen, Grausamkeit und Terror als auch edle Eigenschaften wie Geduld, Loyalität, Tapferkeit, Edelmut und Mitgefühl beinhaltet.

Es hängt damit zusammen, dass zu den Gründen für seine Offenbarung gehört, dass die Juden den Propheten Mohammed^(P.B.U.H.) baten, ihnen vom Propheten Joseph/Yusuf^(A.S.) zu erzählen, der einer ihrer alten Propheten war. Seine Geschichte war in Teilen verzerrt und in anderen durch Interpolation und Ausschlüsse fehlerhaft. Deshalb wurde sie im Koran - dem letzten und authentischen Buch Allahs^(S.W.T.) - offenbart, vollständig in seinen minutiösen und sorgfältigen Einzelheiten.

Yusuf^(A.S.) war sein ganzes Leben lang mit den Plänen der ihm am nächsten stehenden Menschen konfrontiert. Die Geschichte des Propheten Yusuf^(A.S.) inspiriert Sie mit einem Gefühl für die Tiefe von Allahs Macht, seine Vormachtstellung und die Ausführung seiner Entscheidungen trotz der Herausforderung menschlichen Eingreifens.

"Und Allah hat volle Macht und Kontrolle über seine Angelegenheiten, aber die meisten Menschen wissen es nicht." (Ch 12:21)

DER TRAUM

Der Prophet Yusuf^(A.S.) war der Sohn des Propheten Yaqoob^(A.S.) und Rahel. Er hatte einen jüngeren Bruder namens Binyamin. Yaqoob^(A.S.) hatte insgesamt zwölf Söhne. Er liebte Yusuf^(A.S.) und Binyamin mehr als seine anderen Kinder. Das machte die anderen Brüder sehr wütend auf sie.

Die Geschichte beginnt mit einem Traum und endet mit seiner Interpretation. Als die Sonne über dem Horizont erschien und die Erde in ihrer morgendlichen Pracht badete, erwachte Yusuf^(A.S.) aus seinem Schlaf, erfreut über einen angenehmen Traum, den er hatte.

Voller Aufregung lief er zu seinem Vater und erzählte ihm davon.

"Ich sah elf Sterne am Himmel, und die Sonne und den Mond. Sie alle beugten sich vor mir nieder." Er erzählte es seinem Vater.

Der junge Prophet war ziemlich erstaunt über diesen Traum. Er fragte sich, warum sich die Sterne vor ihm verneigten. Er verstand die Bedeutung nicht. Yaqoob^(A.S.) war ein Prophet, und er verstand die Bedeutung des Traums. Und er war sehr glücklich. Sein Gesicht erhellte sich. Er sah voraus, dass Yusuf^(A.S.) einer sein würde, durch den sich die Prophezeiung seines Großvaters, des

Propheten Ibrahim[(A.S.)], erfüllen würde, indem seine Nachkommen das Licht in Ibrahims Haus am Leben erhalten und die Botschaft Allahs an die Menschheit verbreiten würden.

"Allah[(S.W.T.)] hat dich gesegnet, Yusuf." Der alte Prophet sagte es seinem Sohn. "Dieser Traum bedeutet, dass dir Wissen und Prophezeiungen gegeben werden."

Yaqoob[(A.S.)] war ein weiser und alter Mann, daher wusste er, dass seine anderen Söhne nicht glücklich darüber sein würden, von Yousufs Traum zu hören. Also warnte er ihn,

"Mein Sohn! erzähle keinem deiner Brüder von deinem Traum. Sie werden auf dich eifersüchtig sein, und sie werden deine Feinde werden."

Yusuf[(A.S.)] betrachtete die Warnung seines Vaters. Er erzählte seinen Brüdern nicht, was er gesehen hatte. Es ist bekannt, dass sie ihn so sehr hassen, dass es für ihn schwierig war, sich sicher zu fühlen, wenn er ihnen erzählte, was in seinem Herzen und in seinen Träumen vorkam.

Yusuf[(A.S.)] war achtzehn Jahre alt, sehr gut aussehend und robust, mit einem sanften Temperament. Er war respektvoll, freundlich und rücksichtsvoll. Sein Bruder Binyamin war ebenso angenehm. Beide stammten von einer Mutter, Rahel. Wegen ihrer raffinierten Eigenschaften liebte der Vater die beiden mehr als seine anderen Kinder und liess sie nicht aus den Augen. Um sie zu beschützen, beschäftigte er sie mit der Arbeit im Garten des Hauses.

DIE VERSCHWÖRUNG GEGEN YUSUF[(A.S.)]

Yusuf[(A.S.)] hielt sich in der Tat an die Anordnung seines Vaters und erzählte seinen Brüdern nichts von seiner Vision. Trotzdem setzten sich seine Brüder zusammen, um sich gegen ihn zu verschwören.

fragte einer von ihnen: "Warum liebt unser Vater Yusuf mehr als uns?

Ein anderer antwortete: "Vielleicht wegen seiner Schönheit."

Ein Drittel sagte: "Yusuf und sein Bruder besetzten das Herz unseres Vaters."

Die erste beschwerte sich: "Unser Vater ist völlig vom Weg abgekommen."

Einer von ihnen schlug eine Lösung für die Angelegenheit vor: "Tötet Yusuf!"

"Wo sollen wir ihn töten?"

"Wir sollten ihn von diesen Gründen verbannen."

"Wir werden ihn in ein fernes Land schicken."

"Warum sollten wir ihn nicht töten und Ruhe haben, damit die Gunst Ihres Vaters nur Ihnen allein zuteil wird?"

Judah (Yahudh), der älteste und intelligenteste unter ihnen, sagte jedoch: "Es ist nicht nötig, ihn zu töten, wenn man ihn nur loswerden will. Schauen Sie her, werfen wir ihn in einen Brunnen, und er wird von einer vorbeiziehenden Karawane abgeholt werden. Sie werden ihn in ein fernes

Land mitnehmen. Er wird aus den Augen deines Vaters verschwinden, und unser Ziel ist mit seinem Exil erreicht. Danach werden wir für unser Verbrechen Buße tun und wieder gute Menschen werden.

Die Diskussion über die Idee, Yusuf[(A.S.)] in einen Brunnen zu werfen, wurde fortgesetzt, da dies als die sicherste Lösung angesehen wurde. Sie lehnten den Plan, ihn zu töten, ab; die Entführung in ein fernes Land wurde genehmigt. Es war die klügste aller Ideen.

Dann gingen die zehn Brüder zu ihrem Vater und baten ihn darum,

"O unser Vater! Warum vertrauen Sie uns Yusuf nicht an, wo wir doch seine Gratulanten sind? Schicke ihn morgen mit uns, damit er sich amüsiert und spielt, und wir werden uns wahrhaftig um ihn kümmern.

"Yusuf ist unser lieber kleiner Bruder", sagte einer von ihnen.

"Wir sind die Söhne desselben Vaters. Wovor haben Sie also Angst? Bitte schicken Sie ihn mit uns", sagte ein anderer Bruder.

"Wir werden über ihn wachen."

Aber Yaqoob[(A.S.)] hatte schreckliche Angst um Yusuf[(A.S.)]. Er sagte,

"Ich fürchte, der Wolf könnte ihn fangen, während Sie spielen." Er wusste, dass die Brüder eifersüchtig auf ihn waren und dass sie ihn nicht liebten. Zuerst weigerte er sich.

"Niemals!" antwortete ein Bruder. "Wie kann ein Wolf ihn fressen, wenn wir da sind? Wir sind stark, und wir können ihn retten, Vater."

Nach viel Zwang seitens der Brüder erlaubte Yaqoob[(A.S.)] ihnen, Yusuf[(A.S.)] mitzunehmen.

Am nächsten Tag waren sie begeistert, dass sie Yusuf nun loswerden konnten, denn danach hatten sie bessere Chancen, die Zuneigung ihres Vaters zu erhalten. Die Brüder nahmen Yusuf[(A.S.)] mit in den Wald. Sie liefen durch den Wald und gingen direkt zum Brunnen, wie sie es geplant hatten. Unter dem Vorwand des Trinkwassers lehnten sie sich über das Geländer.

Dann legte einer der Brüder seine Arme um Yusuf[(A.S.)] und hielt ihn fest. Erschrocken über sein ungewöhnliches Verhalten kämpfte Yusuf[(A.S.)] darum, sich zu befreien. Dann schlossen sich alle Brüder zusammen und hielten ihn fest, so dass er sich nicht bewegen konnte. Dann zog einer von ihnen sein Hemd aus. Gemeinsam hoben sie Yusuf[(A.S.)] hoch und warfen ihn in den tiefen Brunnen. Die mitleidigen Bitten des jungen Yusuf[(A.S.)] änderten nichts an ihren grausamen Herzen. Er schrie um Hilfe und flehte seine Brüder an, ihn zu retten, aber die Brüder schüttelten den Kopf und hörten nicht auf die Bitten ihres Bruders.

Yusuf[(A.S.)] war ganz allein in dem tiefdunklen Brunnen. Er war sehr verängstigt und weinte. Dann offenbarte ihm Allah[(S.W.T.)], dass er in Sicherheit sei und sich nicht fürchten müsse, denn er würde sie eines Tages wiedersehen und sie an das erinnern, was sie getan hatten. Das seichte Wasser rettete ihn. Dann klammerte er sich an einen Felsvorsprung und kletterte darauf. Seine Brüder ließen ihn an diesem trostlosen Ort zurück.

Dann töteten sie ein Schaf und tränkten Yusufs Hemd mit seinem Blut. Ein Bruder sagte, dass sie schwören sollten, ihre Tat streng geheim zu halten. Sie alle legten den Eid ab, und in der frühen Nacht kamen sie weinend zu ihrem Vater.

"Warum dieses Weinen? Ist unserer Herde etwas zugestoßen?" fragte sich Yaqoob(A.S.).

Sie antworteten weinend: "Oh unser Vater! Wir sind miteinander um die Wette gerannt und haben Yusuf bei unseren Habseligkeiten zurückgelassen, und ein Wolf hat ihn verschlungen; aber ihr werdet uns niemals glauben, selbst wenn wir die Wahrheit sagen".

"Wir waren nach unserer Rückkehr vom Rennen überrascht, dass Yusuf im Bauch des Wolfes war.

"Wir haben ihn nicht gesehen!"

"Sie werden uns nicht glauben, obwohl wir die Wahrheit sagen! Wir sagen Ihnen, was passiert ist!"

"Der Wolf hat Yusuf gefressen!"

"Das ist das Hemd von Yusuf. Wir fanden es blutbefleckt und haben Yusuf nicht gefunden!"

Sie brachten sein mit Falschblut beflecktes Hemd. Tief im Herzen wusste Yaqoob(A.S.), dass sein geliebter Sohn noch am Leben war und dass seine anderen Söhne logen. Er hielt das blutbefleckte Hemd in seinen Händen, breitete es aus und bemerkte,

"Was für ein barmherziger Wolf! Er fraß meinen geliebten Sohn auf, ohne sein Hemd zu zerreißen!"

Die Gesichter seiner Söhne färbten sich rot, als Yaqoob(A.S.) mehr Informationen verlangte, aber jeder von ihnen schwor bei Allah, dass sie die Wahrheit sagten.

"Nein! Aber Sie selbst haben sich eine Geschichte ausgedacht. Für mich ist Geduld also eher angebracht. Es ist Allah allein, dessen Hilfe gegen das, was Sie behaupten, eingefordert werden kann. Der Vater mit dem gebrochenen Herzen brach in Tränen aus.

Der Vater handelte weise, indem er um mächtige Geduld betete, die frei von Zweifeln ist, und indem er auf Allah um Hilfe gegen das, was sie gegen ihn und seinen Sohn geplant hatten, vertraute.

DIE ERSTE LEITER ZUR GRÖßE

In dem dunklen Brunnen gelang es Yusuf(A.S.), einen Steinvorsprung zu finden, an dem er sich festhalten konnte. Um ihn herum herrschte völlige Dunkelheit und eine unheimliche Stille. Ängstliche Gedanken drangen in seinen Geist,

"Was würde mit mir geschehen?"

"Wo würde ich Nahrung finden?"

"Warum haben sich meine eigenen Brüder gegen mich gewandt?"

"Würde mein Vater von meiner Notlage erfahren?"

Das Lächeln seines Vaters blitzte vor ihm auf und erinnerte an die Liebe und Zuneigung, die er ihm stets entgegengebracht hatte. Yusuf$^{(A.S.)}$ begann ernsthaft zu beten und flehte Allah$^{(S.W.T.)}$ um Erlösung an. Allmählich ließ seine Angst nach. Sein Schöpfer prüfte den jungen Mann mit einem großen Unglück, um ihm einen Geist der Geduld und des Mutes einzuflößen. Yusuf$^{(A.S.)}$ unterwarf sich dem Willen seines Herrn.

Eine Gruppe von Menschen war durch diese Wildnis unterwegs. Am Horizont ist eine lange Reihe von Kamelen, Pferden und Männern zu sehen; eine Karawane auf dem Weg nach Ägypten. Die Karawane von Händlern hielt an diesem berühmten Brunnen für Wasser an. Sie waren durstig und suchten nach Wasser. Als sie den Brunnen sahen, schickten sie einen Mann, der ihnen etwas Wasser bringen sollte. Der Mann kam zu dem Brunnen und führte einen Eimer hinunter.

Yusuf$^{(A.S.)}$ wurde durch den herabstürzenden Eimer aufgeschreckt und packte ihn, bevor er im Wasser landen konnte. Als der Mann zu schleppen begann, fühlte er die Ladung ungewöhnlich schwer, so dass er in den Brunnen spähte. Was er sah, schockierte ihn; ein junger Mann klammerte sich an das Seil! Er packte das Seil und rief seinen Freunden zu,

"Helft mir lieber mal, Freunde! Sieht aus, als hätte ich im Brunnen einen echten Schatz gefunden!"

Seine Begleiter eilten zum Brunnen und halfen ihm, den Fremden, der sich am Seil festhielt, herauszuziehen. Bald stand vor ihnen ein gesunder, gutaussehender Jüngling, strahlend mit einem engelsgleichen Lächeln. Sie sahen in ihm einen hübschen Preis; denn Geld war alles, was für sie zählte. Sofort klammerten sie ihm Eisenfesseln an die Füße und nahmen ihn mit nach Ägypten, weit weg von seiner geliebten Heimat Kanaan.

Sie reisten viele Tage und Nächte durch die Wüste. Und nach vielen Reisetagen kamen sie schließlich in Ägypten an. Die Reisenden gingen zum Markt und stellten Yusuf$^{(A.S.)}$ zur Versteigerung. In der ganzen ägyptischen Stadt verbreitete sich die Nachricht, dass ein ungewöhnlich gut aussehender, robuster junger Sklave zum Verkauf stand. Zu Hunderten versammelten sich die Menschen auf dem Sklavenmarkt. Einige waren Zuschauer, andere waren Bieter. Die Elite und die Reichen, jeder drehte sich um den Hals, um das hübsche Exemplar zu betrachten. Der Auktionator hatte einen erstaunlichen Tag, als das Bieten wild um sich griff und jeder Käufer versuchte, den anderen zu überbieten.

"Wer wird diesen hübschen Jungen kaufen?" riefen sie.

Schließlich überboten die Aziz, der oberste Minister Ägyptens, alle anderen und brachten Yusuf^(A.S.) zu seinem Anwesen. Die Ketten der Sklaverei haben sich auf Yusuf^(A.S.) geschlossen. Er wurde in den Brunnen geworfen, seines Vaters beraubt, aus dem Brunnen gepflückt, zum Sklaven gemacht, auf dem Markt verkauft und zum Eigentum dieses Mannes, des Aziz, des Obersten Ministers, gemacht. Die Gefahren folgten in rascher Folge und ließen Yusuf^(A.S.) hilflos zurück.

Was wir als Gefahr und Verleumdung ansehen, ist die erste Stufe der Leiter auf seinem Weg zur Größe. Allah^(S.W.T.) ist entschlossen in seinem Handeln, und sein Plan wird trotz der Pläne anderer verwirklicht. Allah hat Yusuf^(A.S.) das Prophetentum versprochen.

Die Liebe zu Yusuf^(A.S.) wurde in das Herz des Mannes gestoßen, der ihn gekauft hatte, und er war ein Mann ohne niedere Stellung. Er war eine wichtige Persönlichkeit, einer der herrschenden Klasse Ägyptens. Daher war Yusuf^(A.S.) angenehm überrascht, als der ägyptische Ministerpräsident seinen Männern befahl, die schweren Fesseln von seinen geschwollenen Füßen zu entfernen. Er war auch überrascht, als er Yusuf^(A.S.) sagte, er solle sein Vertrauen nicht missbrauchen; er würde nicht misshandelt werden, wenn er sich benehmen würde. Yusuf^(A.S.) lächelte seinen Wohltäter an, dankte ihm und versprach, ihm die Treue zu halten.

Yusuf^(A.S.) fühlte sich wohl, denn endlich war er behütet und würde gut versorgt werden. Er dankte Allah^(S.W.T.) immer und immer wieder und wunderte sich über das Geheimnisvolle des Lebens. Vor nicht allzu langer Zeit war er in einen tiefen, dunklen Brunnen geworfen worden, ohne Hoffnung, jemals wieder lebend herauszukommen. Als Nächstes wurde er gerettet, dann in eisernen Fesseln versklavt, und nun bewegte er sich frei in einem luxuriösen Herrenhaus mit genug Essen zum Genießen. Doch sein Herz schmerzte vor Sehnsucht nach seinen Eltern und seinem Bruder Binyamin, und er vergoss täglich Tränen.

DER ZWEITE PROZESS GEGEN YUSUF^(A.S.)

Yusuf^(A.S.) wurde zum persönlichen Begleiter der Frau des Ministerpräsidenten ernannt. Er war gehorsam und stets pflichtbewusst. Mit seinen angenehmen Manieren und seinem charmanten Benehmen gewann er die Herzen aller. Seine Schönheit wurde zum Stadtgespräch. Die Leute bezeichneten ihn als den attraktivsten Mann, den sie je gesehen hatten, und schrieben Gedichte über ihn. Sein Gesicht trug makellose Schönheit. Die Reinheit seiner inneren Seele und seines Herzens zeigte sich in seinem Gesicht und steigerte seine Schönheit. Menschen kamen von weit her in die Stadt, um einen Blick auf ihn zu werfen. Die hübschesten aller Jungfrauen und die reichsten aller Damen sehnten sich danach, ihn zu besitzen, aber nicht ein einziges Mal zeigte er Arroganz oder Stolz. Er war immer bescheiden und höflich.

Yusuf$^{(A.S.)}$ wurde Weisheit in Angelegenheiten und Wissen über das Leben und seine Bedingungen gegeben. Er hat die Kunst der Konversation vermittelt und diejenigen, die ihm zuhörten, in seinen Bann gezogen. Ihm wurde der Adel und die Selbstbeherrschung gegeben, die ihn zu einer unwiderstehlichen Persönlichkeit machten. Sein Meister wusste bald, dass Allah$^{(S.W.T.)}$ ihn mit Yusuf$^{(A.S.)}$ gesegnet hatte. Er verstand, dass er der ehrlichste, geradlinigste und nobelste Mensch war, dem er in seinem Leben begegnet war. Also übertrug er Yusuf$^{(A.S.)}$ die Verantwortung für seinen Haushalt, ehrte ihn und behandelte ihn wie einen Sohn.

Die Frau des Ministerpräsidenten, Zulaikha, beobachtete Yusuf$^{(A.S.)}$ von Tag zu Tag. Sie saß bei ihm, sprach mit ihm, hörte ihm zu, und ihr Erstaunen nahm im Laufe der Zeit zu.

Yusuf$^{(A.S.)}$ wurde dann mit einem weiteren Prozess gegen Allah$^{(S.W.T.)}$ konfrontiert. Zulaikha konnte nun dem gutaussehenden Yusuf$^{(A.S.)}$ nicht widerstehen, und ihre Besessenheit von ihm verursachte ihr schlaflose Nächte. Sie verliebte sich in ihn, und es war schmerzhaft für sie, einem Mann so nahe zu sein und ihn dennoch nicht halten zu können. Dennoch war sie keine eigensinnige Frau, denn in ihrer Position konnte sie jeden Mann bekommen, den sie wollte. Nach allem, was man hört, muss sie eine sehr hübsche und intelligente Frau gewesen sein, oder warum hätte der Premierminister sie aus all den hübschen Frauen im Königreich auserwählt? Obwohl sie ihm kein Kind gebar, wollte er keine andere Frau nehmen, da er sie leidenschaftlich liebte.

Da sie ihre Leidenschaft nicht mehr kontrollieren konnte. Eines Tages, als der Prophet mit ihr allein im Schlafzimmer war, versuchte sie, ihn zu küssen. Aber Yusuf$^{(A.S.)}$ fürchtete Allah$^{(S.W.T.)}$, und so leugnete er, da er ein aufrechter Anbeter Gottes war. Er eilte von ihr weg zur Tür. Yusufs$^{(A.S.)}$ Weigerung steigerte ihre Leidenschaft nur noch mehr. Als er sich auf die Tür zu bewegte, um zu entkommen, rannte sie ihm nach und ergriff sein Hemd, wie ein Ertrinkender, der sich an das Boot klammert. Beim Zerren zerriss sie sein Hemd und hielt das zerrissene Stück in ihrer Hand. Sie erreichten gemeinsam die Tür. Sie öffnete sich plötzlich, da standen ihr Mann und ein Verwandter von ihr.

Yusuf$^{(A.S.)}$ sah ihren Mann vor sich stehen. Die listige Frau änderte sofort ihren Tonfall in Wut und begann, das zerrissene Stück des Hemdes in ihrer Hand zu zeigen. Sie sagte zu ihrem Mann,

"Was ist die Strafe für denjenigen, der einen bösen Plan gegen Ihre Frau hatte? Wir sollten ihn ins Gefängnis stecken!"

Sie beschuldigte nun Yusuf$^{(A.S.)}$, sie belästigt zu haben, um den Eindruck zu erwecken, sie sei unschuldig und ein Opfer seines Begehrens. Verblüfft bestritt Yusuf$^{(A.S.)}$ dies jedoch,

"Sie war es, die mich verführen wollte."

Sie reichten das Hemd von Hand zu Hand, während sie zuschaute. Die Zeugin (ihre Cousine) sah es an und stellte fest, dass es auf dem Rücken zerrissen war. Die Beweise zeigten, dass sie schuldig war. Der enttäuschte Ehemann bemerkte zu seiner Frau,

"Wäre er derjenige gewesen, der Sie angegriffen hat, wäre das Hemd vorne zerrissen worden. Aber sein Hemd ist von hinten zerrissen, was bedeutet, dass Sie lügen. Sicherlich, es war Ihr Komplott!" Er erwiderte.

Der weise und gerechte Aziz entschuldigte sich bei Yusuf(A.S.) für die Unsittlichkeit seiner Frau. Er wies sie auch an, Yusuf(A.S.) um Verzeihung zu bitten, weil sie ihn zu Unrecht beschuldigt hatte.

Ein Vorfall wie dieser kann in einem Haus voller Diener nicht geheim bleiben, und die Geschichte verbreitete sich. Die Nachricht von dem Vorfall verbreitete sich in der Stadt wie ein Lauffeuer. Frauen begannen, Zulaikhas Verhalten als schockierend zu empfinden.

Natürlich beunruhigte ihr Klatsch Zulaikha. Sie glaubte ehrlich, dass es für jede Frau nicht leicht sei, einem so gut aussehenden Mann wie Yusuf(A.S.) zu widerstehen. Um ihre Hilflosigkeit zu beweisen, plante sie, diese Frauen der gleichen Versuchung auszusetzen, der sie ausgesetzt war. Sie lud sie zu einem üppigen Bankett ein. Niemand, der so eingeladen war, wollte die Ehre verpassen, mit der Frau des Ministerpräsidenten zu speisen; außerdem hegten sie insgeheim den Wunsch, den schönen Yusuf von Angesicht zu Angesicht zu treffen. Einige ihrer engen Freunde sagten scherzhaft, sie würden nur kommen, wenn sie ihnen Yusuf(A.S.) vorstellen würde.

Die Einladung war auf Damen beschränkt. Das Bankett begann, Gelächter und Heiterkeit waren im Überfluss vorhanden. Die Etikette schrieb vor, dass die Damen das Thema Yusuf(A.S.) nicht erwähnen durften. Sie waren daher schockiert, als Zulaikha selbst das Thema eröffnete.

"Ich habe von denen gehört, die sagen, dass ich mich in den jungen Hebräer Yusuf verliebt habe".

Schweigen legte sich über das Bankett. Sofort blieben alle Hände der Gäste stehen, und alle Augen fielen auf die Frau des Ministerpräsidenten. sagte sie, während sie den Befehl gab, dass die Früchte serviert werden sollten:

"Ich gebe zu, dass er ein charmanter Bursche ist. Ich leugne nicht, dass ich ihn liebe. Ich liebe ihn schon seit langer Zeit."

Das Geständnis der Frau des Ministerpräsidenten beseitigte die Spannungen zwischen den Damen. Nach dem Abendessen begannen die Gäste, ihre Früchte zu schneiden. Genau in diesem Moment rief sie Yusuf(A.S.) zu sich. Er betrat anmutig den Saal; sein Blick war nach unten gerichtet. Zulaikha rief ihn bei seinem Namen, und er hob den Kopf. Die Gäste waren erstaunt und verblüfft. Sein Gesicht strahlte und war voller engelhafter Schönheit. Es spiegelte völlige Unschuld wider, so sehr, dass man den Seelenfrieden in der Tiefe seiner Seele spüren konnte.

riefen sie erstaunt aus, während sie weiterhin die Früchte schnitten. Alle ihre Augen waren auf Yusuf^(A.S.) gerichtet. Die Anwesenheit von Yusuf^(A.S.) war so wirkungsvoll, dass die Frauen anfingen, ihre Handfläche geistesabwesend zu schneiden, ohne Schmerzen zu empfinden.

Eine der Damen keuchte: "Wie perfekt ist Allah!"

Ein anderer flüsterte: "Das ist kein sterbliches Wesen!"

Eine andere stotterte und tätschelte ihr Haar: "Er ist ein edler Engel."

Dann stand die Frau des Ministerpräsidenten auf und kündigte an:

"Das ist derjenige, für den sie mir die Schuld gegeben haben. Ich leugne nicht, dass ich ihn in Versuchung geführt habe. Sie haben sich von Yusufs einzigem Anblick verzaubern lassen und sehen, was mit Ihren Händen geschehen ist. Ich habe ihn in Versuchung geführt, und wenn er nicht tut, was ich von ihm will, werde ich ihn einsperren.

"Oh Herr", antwortete der Prophet ruhig. "Ich würde lieber ins Gefängnis gehen, als eine Sünde zu begehen. Ich will nicht zu denen gehören, die sündigen und Schuld verdienen, oder zu denen, die Taten der Unwissenden begehen.

An diesem Abend überzeugte Zulaikha ihren Ehemann, dass die einzige Möglichkeit, ihre Ehre zu retten, darin bestünde, Yusuf^(A.S.) ins Gefängnis zu bringen; andernfalls könne sie sich nicht beherrschen oder sein Ansehen schützen. Der Ministerpräsident wusste, dass Yusuf^(A.S.) absolut unschuldig war, dass er ein junger Mann von Ehre, ein loyaler Diener war, und dass er ihn aus all diesen Gründen liebte. Der Premierminister liebte ihn wie einen Sohn, und er hatte noch nie jemanden getroffen, der ihm gegenüber so loyal war. Es war keine leichte Entscheidung für ihn, einen unschuldigen Mann hinter Gitter zu bringen. Ihm blieb jedoch keine andere Wahl. Er argumentierte, dass die Ehre Yusufs^(A.S.) auch dann gewahrt bliebe, wenn er ihn von Zulaikha fern halten würde. In dieser Nacht schickte der Ministerpräsident Yusuf^(A.S.) schweren Herzens ins Gefängnis.

DIE INHAFTIERUNG EINES NSCHULDIGEN

Das Gefängnis war der dritte Test von Yusuf^(A.S.). Während dieser Zeit segnete Allah^(S.W.T.) ihn mit einer außergewöhnlichen Gabe: der Fähigkeit, Träume zu deuten. Es gab Leute im Gefängnis, die wussten, dass Yusuf^(A.S.) ein edler junger Mann war, mit Sachverstand und einem barmherzigen Herzen. Sie liebten und respektierten ihn. Etwa zur gleichen Zeit landeten zwei weitere Männer im Gefängnis. Der eine war der Mundschenk des Königs; der andere war der Koch des Königs. Die beiden Männer spürten, dass Yusuf^(A.S.) nicht wie ein Verbrecher aussah, denn auf seinem Gesicht glühte eine Aura der Frömmigkeit. In dieser Nacht hatten die beiden neuen Häftlinge einen seltsamen Traum. Als sie aufwachten, waren sie verwirrt, da sie die Bedeutung des Traums nicht verstehen konnten. Sie waren begierig darauf, dass man ihnen die Bedeutung des Traums erklärte.

Der Koch des Königs träumte, dass er an einem Ort mit Brot auf dem Kopf stand, und zwei Vögel aßen das Brot. Der Mundschenk träumte, dass er dem König Wein servierte. Die beiden gingen zu Yusuf(A.S.) und erzählten ihm ihre Träume und baten ihn, ihnen ihre Bedeutung zu geben.

Als der Prophet Yusuf(A.S.) dies hörte, rief er sie zuerst zu Allah(S.W.T.). Dann erzählte er ihnen die Bedeutung ihrer Träume. Er sagte, dass der Koch bis zu seinem Tod gekreuzigt werden würde und dass Vögel von seinem Kopf essen würden.

Dann bat Yusuf(A.S.) den Mundschenk, ihm von seinem Traum zu erzählen.

"Ich sah, dass ich im Palast stand und dem König Wein servierte."

Der Prophet betete eine Zeitlang und sagte

"Sie werden bald freigelassen und kehren in den Dienst des Königs zurück." Daraufhin bat der Prophet den Mundschenk, mit dem König über ihn zu sprechen und ihm zu sagen, dass sich im Gefängnis eine geschädigte Seele namens Yusuf befand.

Was Yusuf(A.S.) voraussagte, geschah; die Köchin wurde gekreuzigt, und der Mundschenk kehrte in den Palast zurück. Nachdem der Mundschenk wieder in den Dienst zurückgekehrt war, ließ Satan ihn vergessen, Yusuf(A.S.) gegenüber dem König zu erwähnen. Daher blieb er einige Jahre im Gefängnis, aber er war hartnäckig und betete zu Allah(S.W.T.).

YUSUF(A.S.) UNSCHULD FESTGESTELLT

Einige Jahre später, eines Nachts, schlief der König in seinem Palast. In dieser Nacht hatte er einen seltsamen Traum. Er sah, dass er am Ufer des Nils stand. Das Wasser ging zurück und enthüllte den nackten Schlamm. Er sah, wie die Fische ohne Wasser hüpften und sprangen.

Dann sah er sieben fette Kühe aus dem Wasser auftauchen, gefolgt von sieben mageren Kühen. Die mageren Kühe begannen dann, die fetten Kühe zu schlucken. Der König war entsetzt, nachdem er dies gesehen hatte.

Dann sah er sieben Ähren grünen Mais am Flussufer wachsen. Plötzlich verschwanden sie und an ihrer Stelle wachsen sieben trockene Maiskolben.

Der König erwachte verängstigt, schockiert und deprimiert, ohne zu wissen, was all dies bedeutete. Er schickte Diener für die Zauberer, Priester und Minister, die kommen sollten. Er erzählte ihnen seinen Traum.

Sagten die Zauberer: "Dies ist ein wirrer Traum. Wie kann das alles sein? Es ist ein Alptraum."

Sagten die Priester: "Vielleicht hatte seine Majestät ein schweres Abendmahl."

Sagte der Oberste Minister: "Könnte es sein, dass seine Majestät entblößt war und die Decke nachts nicht hochgezogen hat?"

Sagte der Hofnarr des Königs scherzhaft: "Seine Majestät wird alt, und so sind seine Träume verwirrt."

Sie kamen einhellig zu dem Schluss, dass es nur ein Alptraum war.

Die Nachricht erreichte den Mundschenk. Er erinnerte sich an den Traum, den er im Gefängnis hatte, und verglich ihn mit dem Traum des Königs, und so kam ihm Yusuf$^{(A.S.)}$ in den Sinn. Er lief zum König, um ihm von Yusuf$^{(A.S.)}$ zu erzählen, der als einziger in der Lage war, den Traum zu deuten.

Sagte der Mundschenk: "Er hatte mich gebeten, Euch an ihn zu erinnern, aber ich habe es vergessen." Der König schickte den Mundschenk, um Yusuf$^{(A.S.)}$ über den Traum zu befragen.

Yusuf$^{(A.S.)}$ interpretierte sie ihm: "Es wird sieben Jahre des Überflusses geben. Wenn das Land richtig bewirtschaftet wird, wird es einen Überschuss der guten Ernte geben, mehr als die Menschen brauchen. Dies sollte eingelagert werden. Danach werden im Königreich sieben Jahre der Dürre folgen. Die Menschen werden nicht genug zu essen haben, und überall in Ägypten werden Nahrungsmittel knapp werden, in denen sie das überschüssige Getreide verwerten könnten".

Er riet auch dazu, während der Hungersnot etwas Getreide aufzubewahren, um es als Saatgut für die nächste Ernte zu verwenden. Yusuf$^{(A.S.)}$ fügte dann hinzu: "Nach sieben Jahren der Dürre wird es ein Jahr geben, in dem es reichlich Wasser geben wird. Wenn sie das Wasser richtig nutzen, werden Weinreben und Olivenbäume im Überfluss wachsen und reichlich Trauben und Olivenöl liefern".

Der Mundschenk eilte mit der erfreulichen Nachricht zurück. Die Interpretation von Yusuf$^{(A.S.)}$ faszinierte den König. Er war sehr erstaunt. Wer könnte diese Person sein? Er befahl, Yusuf$^{(A.S.)}$ aus dem Gefängnis zu befreien und ihm sofort vorzuführen.

Der Gesandte des Königs ging sofort los, um ihn zu holen, aber Yusuf$^{(A.S.)}$ weigerte sich, das Gefängnis zu verlassen, solange seine Unschuld nicht bewiesen war. Vielleicht beschuldigten sie ihn, den Damen in die Hände geschnitten oder versucht zu haben, sie zu verführen. Vielleicht wurde auch eine andere falsche Anschuldigung erhoben. Wir wissen nicht genau, was sie dem Volk gesagt haben, um Yusufs$^{(A.S.)}$ Verurteilung ins Gefängnis zu rechtfertigen.

Der Gesandte kehrte zum König zurück.

"Wo ist Yusuf? Habe ich dir nicht befohlen, ihn zu holen?" fragte der König.

Der Gesandte antwortete: "Er weigerte sich zu gehen, bis seine Unschuld in Bezug auf die Damen, die sich in die Hände geschnitten haben, geklärt ist".

Der König war der Ansicht, dass Yusuf^(A.S.) ungerecht verletzt worden war, aber er wusste nicht genau, wie das geschah. Daher ordnete er sofort eine Untersuchung an.

Der König befahl: "Bringt sofort die Ehefrauen der Minister und die Frau des Obersten Ministers!"

Sie brachten die Frau des Ministerpräsidenten zusammen mit den Ehefrauen der anderen Minister in seinen Hof.

Fragte der König: "Was ist die Geschichte von Yusuf? Was wissen Sie über ihn? Stimmt es, dass er versucht hat, die Frau des Ministerpräsidenten zu belästigen?"

Eine der Damen unterbrach den König mit einem Ausruf: "Allah verbiete es!"

Eine Sekunde sagte: "Wir wissen von keinem Bösen, das er getan hat."

Ein Drittel sagte: " Er ist unschuldig wie die Engel."

Nun richteten sich die Augen aller auf die Frau des Ministerpräsidenten. Sie trug nun ein runzliges Gesicht und hatte abgenommen. Sie war von der Trauer über Yusuf^(A.S.) überwältigt worden, während er im Gefängnis saß. Sie gestand mutig, dass sie gelogen hatte, und er hatte die Wahrheit gesagt.

"Ich habe ihn in Versuchung geführt, aber er weigerte sich. Er ist sicherlich einer der Wahrhaftigen."

Sie bestätigte, was sie sagte, nicht aus Furcht vor dem König oder den anderen Damen, sondern damit Yusuf^(A.S.) wusste, dass sie ihn während seiner Abwesenheit nie verraten hatte, denn er war noch in ihrem Kopf und ihrer Seele. Von der ganzen Schöpfung war er der Einzige, für den sie liebte, und so bestätigte sie seine Unschuld vor allen anderen.

Koranverse spiegeln wider, dass sie sich der Religion des Propheten, dem Monotheismus, zugewandt hatte. Seine Inhaftierung war ein bedeutender Wendepunkt in ihrem Leben. Danach wird die Geschichte der Frau des Ministerpräsidenten im Koran nicht mehr erwähnt. Wir wissen nicht, was mit ihr geschah, nachdem sie klare Aussagen gemacht hatte. Dennoch gibt es immer noch Legenden über sie. Einige sagen, dass sie nach dem Tod ihres Mannes Yusuf^(A.S.) heiratete, und siehe da, sie war eine Jungfrau. Sie gestand, dass ihr Mann alt gewesen sei und nie Frauen berührt habe. Andere Legenden besagen, dass sie ihr Augenlicht verlor und um Yusuf^(A.S.) weinte. Sie verließ ihren Palast und wanderte durch die Straßen der Stadt.

"Die Wahrheit ist gekommen und die Falschheit ist verschwunden. Die Lüge muss verschwinden!"

ALLAH^(S.W.T) ERHOB YUSUF^(A.S) ZUR HERRLICHKEIT

Der König teilte Yusuf^(A.S.) mit, dass seine Unschuld erwiesen sei, und befahl ihm, zu einem Interview in den Palast zu kommen. Der König erkannte seine edlen Qualitäten an. Als Yusuf^(A.S.) kam, war der König über diesen hübschen jungen Mann fassungslos. Der König sprach jedoch in seiner Zunge mit ihm. Yusufs^(A.S.) Antworten verblüfften den König mit seiner kulturellen Raffinesse und seinem breiten Wissen. Er war überzeugt, dass Yusuf^(A.S.) in der Tat sehr intelligent sei.

Dann wandte sich das Gespräch dem Traum zu. Yusuf^(A.S.) riet dem König, mit der Planung für die kommenden Jahre der Hungersnot zu beginnen. Er teilte ihm mit, dass die Hungersnot nicht nur Ägypten, sondern auch die Nachbarländer betreffen würde. Der König bot ihm eine einflussreiche Position an, aber Yusuf^(A.S.) bat darum, zum Kontrolleur der Kornkammern gemacht zu werden, damit er die Ernte der Nation bewachen und sie so während der erwarteten Dürre schützen könne. Damit wollte Yusuf^(A.S.) weder eine Gelegenheit noch einen persönlichen Vorteil nutzen; er wollte lediglich für einen Zeitraum von sieben Jahren hungernde Nationen retten. Es war eine schiere Selbstaufopferung seinerseits.

"Wir schenken Unsere Barmherzigkeit, wem Wir wollen, und Wir sorgen dafür, dass die Belohnung von Al-Muhsinen (den Tätern des Guten) nicht verloren geht". [Surah Yusuf: 56]

Das Rad der Zeit drehte sich, Yusuf^(A.S.) war nun einer der höchsten Beamten in Ägypten geworden. Während der sieben wunderbaren Jahre hatte Yusuf^(A.S.) die volle Kontrolle über den Anbau, die Ernte und die Lagerung von Feldfrüchten. Er erfüllte seine Pflichten getreulich und schaffte es, das Getreide für die harten Jahre, die vor ihm lagen, sorgfältig aufzubewahren.

Dann folgte, wie der Prophet Yusuf^(A.S.) vorausgesagt hatte, eine Dürre, und die Hungersnot breitete sich in der gesamten Region aus, auch in Kanaan, dem Heimatland von Yusuf^(A.S.). Die Blätter färbten sich gelb, und nicht ein einziger Regentropfen fiel vom Himmel. Aber in Ägypten starb niemand an Hunger, weil der Prophet mehr als genug Getreide für die harten Jahre gerettet hatte.

"Du hattest Recht, Yusuf", sagte der König zum Propheten. "Nur deinetwegen leidet unser Volk nicht. Aber alle unsere Nachbarn bitten um unsere Hilfe. Was soll ich ihnen sagen?" fragte er.

"Allah$^{(S.W.T.)}$ hat uns gerettet." Der Prophet antwortete: "Wir sind gesegnet, dass wir reichlich Getreide bei uns haben. Ich denke, dies ist die Zeit, in der wir unseren Nachbarn helfen sollten. Wir sollten die Körner zu einem fairen Preis an die bedürftigen Nationen verkaufen. Auf diese Weise können wir viele Leben retten."

Der König stimmte zu, und die erfreuliche Nachricht verbreitete sich in der ganzen Region.

Da diese Hungersnot auch Kanaan betraf. Der Prophet Yaqoob$^{(A.S.)}$ schickte zehn seiner Söhne, alle außer Binyamin, nach Ägypten, um Vorräte zu kaufen. Die Brüder reisten viele Tage lang und kamen schließlich in Ägypten an.

Yusuf$^{(A.S.)}$ hörte von den zehn Brüdern, die von weit her gekommen waren und die Sprache der Ägypter nicht sprechen konnten. Als sie ihn aufforderten, ihre Bedürfnisse zu kaufen, erkannte Yusuf$^{(A.S.)}$ seine Brüder sofort, aber sie erkannten ihn nicht. Wie sollten sie auch? Für sie existierte Yusuf$^{(A.S.)}$ nicht mehr; sie hatten ihn vor vielen Jahren in den tiefen, dunklen Brunnen geworfen!

Yusuf$^{(A.S.)}$ empfing sie herzlich. Nachdem er sie mit Proviant versorgt hatte, fragte er, woher sie gekommen waren.

Sie erklärten: "Wir kamen aus Kanaan. Wir sind elf Brüder, die Kinder eines edlen Propheten. Der Jüngste ist zu Hause und kümmert sich um die Bedürfnisse unseres alternden Vaters."

Als er dies hörte, füllten sich Yusufs$^{(A.S.)}$ Augen mit Tränen; seine Sehnsucht nach Heimat schwoll in seinem Herzen an, ebenso wie seine Sehnsucht nach seinen geliebten Eltern und seinem liebenden Bruder Binyamin.

"Sind Sie aufrichtige Menschen?" fragte Yusuf$^{(A.S.)}$ sie.

Beunruhigt antworteten sie: "Welche Gründe haben wir, Sie anzulügen?

"Wenn das, was Sie sagen, wahr ist, dann bringen Sie Ihren Bruder als Beweis mit, und ich werde Sie mit doppelten Rationen belohnen. Aber wenn du ihn nicht zu mir bringst, wäre es besser, wenn du nicht zurückkehrst", warnte Yusuf$^{(A.S.)}$ sie.

Sie versicherten ihm, dass sie seinen Auftrag gerne erfüllen würden, dass sie aber die Erlaubnis ihres Vaters einholen müssten. Als Anreiz, mit ihrem Bruder zurückzukehren, befahl Yusuf$^{(A.S.)}$ seinem Diener, den Beutel mit dem Geld, das sie bezahlt hatten, heimlich in einen ihrer Getreidesäcke zu legen.

Nach vielen Reisetagen erreichten sie Kanaan. Bevor sie die Kamele entladen konnten, begrüßten sie ihren Vater, dann kritisierten sie ihn: "Sie verweigerten uns einige Vorräte, weil Sie Ihren Sohn nicht mit uns gehen ließen. Sie wollten uns kein Essen für Abwesende geben. Warum haben Sie ihm nicht uns anvertraut? Bitte, schicken Sie ihn mit uns, und wir werden uns um ihn kümmern.

Der Prophet Yaqoob^(A.S.) wurde traurig und sagte es ihnen: "Ich werde Binyamin nicht erlauben, mit Ihnen zu reisen. Ich werde mich nicht von ihm trennen, denn ich habe dir Yusuf anvertraut, und du hast mich im Stich gelassen.

Später, als sie ihre Getreidesäcke öffneten, waren sie überrascht, dass der Geldsack unversehrt zurückkam. Sie eilten zu ihrem Vater;

"Schau, Vater! Der edle Beamte hat uns unser Geld zurückgegeben; das ist sicherlich ein Beweis dafür, dass er unserem Bruder nicht schaden würde, und es kann uns nur nützen". Aber Yaqoob^(A.S.) weigerte sich, Binyamin mitzuschicken.

Nach einiger Zeit, als sie kein Getreide mehr hatten, bat Yaqoob^(A.S.) sie, für mehr nach Ägypten zu reisen. Sie erinnerten ihn an die Warnung, die der ägyptische Beamte ihnen gegeben hatte. Ohne Binyamin konnten sie nicht zurückkehren.

"Ich werde ihn nicht mit Ihnen schicken, wenn Sie mir nicht in Allahs Namen das Versprechen geben, dass Sie ihn mir so sicher zurückbringen, wie Sie ihn mitnehmen.

Sie gaben also ihr aufrichtiges Versprechen.

Yaqoob^(A.S.) erinnerte sie daran: " Allah^(S.W.T.) ist Zeuge Ihres Versprechens."

Er willigte ein und riet ihnen dann, die Stadt durch mehrere verschiedene Tore zu betreten. Yaqoob^(A.S.) segnete sie bei ihrer Abreise und betete zu Allah um ihren Schutz. Die Brüder unternahmen die lange Reise nach Ägypten und kümmerten sich gut um Binyamin.

DIE DEUTUNG DES TRAUMS IN DER REALITÄT

Als sie in Ägypten ankamen, hieß Yusuf^(A.S.) sie herzlich willkommen, und er unterdrückte den in ihm aufkommenden Wunsch, Binyamin zu umarmen. Er bereitete ein Festmahl für sie vor und setzte sie in Paaren zusammen. Yusuf^(A.S.) arrangierte, dass er neben seinem geliebten Bruder Binyamin saß, der zu weinen begann.

"Warum weinen Sie?" fragte Yusuf^(A.S.) ihn.

Er antwortete: "Wenn mein Bruder Yusuf hier gewesen wäre, hätte ich neben ihm gesessen."

In dieser Nacht, als Yusuf^(A.S.) und Binyamin allein in einem Raum waren, fragte Yusuf^(A.S.) seinen Bruder,

"Würdest du mich gerne als deinen Bruder haben?"

Binyamin antwortete respektvoll, dass er seinen Gastgeber für einen wunderbaren Menschen halte, aber er könne niemals den Platz seines Bruders einnehmen.

Yusuf^(A.S.) brach zusammen, und inmitten fließender Tränen sagte er: "Mein liebender Bruder, ich bin dein Bruder, der verloren war und dessen Namen du ständig wiederholst. Das Schicksal hat uns nach vielen Jahren der Trennung zusammengeführt. Dies ist Allahs Gunst. Aber lass es vorerst ein Geheimnis zwischen uns bleiben". Binyamin warf seine Arme um Yusuf^(A.S.), und beide Brüder vergossen Freudentränen.

Am nächsten Tag befal Yusuf^(A.S.) einem seiner Assistenten, den goldenen Messbecher des Königs in die Satteltasche von Binyamin zu stellen, während ihre Taschen mit Körnern gefüllt wurden, die auf die Kamele geladen werden sollten. Als die Brüder bereit zum Aufbruch waren, kamen die Soldaten auf sie zugerannt. Die Tore waren verschlossen, und ein Soldat schrie,

"O ihr Reisenden, bleibt stehen! Ihr seid Diebe!"

Die Beschuldigung war höchst ungewöhnlich, und die Menschen versammelten sich um sie herum.

"Was haben Sie verloren?", fragten seine Brüder.

"Der goldene Kelch des Königs. Wer ihn zurückverfolgen kann, dem werden wir eine tierische Ladung Getreide geben", sagte ein Soldat.

Die Brüder sagten in aller Unschuld: "Wir sind nicht hergekommen, um das Land zu verderben und zu stehlen."

Einer der Soldaten sagte (wie Yusuf^(A.S.) sie angewiesen hatte): "Welche Strafe sollten Sie für den Dieb wählen?"

Die Brüder antworteten: "Nach unserem Gesetz wird derjenige, der stiehlt, ein Sklave des Eigentümers des Eigentums".

Die Offiziere waren sich einig: "Dann wenden wir Ihr Gesetz anstelle des ägyptischen Gesetzes an, das für die Inhaftierung gilt.

Der oberste Offizier befahl seinen Soldaten, mit der Durchsuchung der Karawane zu beginnen. Yusuf^(A.S.) beobachtete den Vorfall von hoch oben auf seinem Thron. Er hatte Anweisungen gegeben, dass Binyamins Tasche als letzte durchsucht werden sollte. Als sie den Becher in den Taschen der zehn älteren Brüder nicht fanden, seufzten die Brüder erleichtert auf. Es blieb nur die Tasche ihres jüngsten Bruders übrig.

Yusuf^(A.S.) sagte, als er zum ersten Mal eingriff: "Es war nicht nötig, seinen Sattel zu durchsuchen, da er nicht wie ein Dieb aussah.

"Wir werden uns keinen Zentimeter bewegen, wenn nicht auch sein Sattel durchsucht wird. Wir sind die Söhne eines Edelmannes, keine Diebe", bekräftigten seine Brüder.

Die Soldaten griffen in ihre Taschen und zogen den Becher des Königs heraus. Die Brüder riefen aus,

"Wenn er jetzt stiehlt, hat ein Bruder von ihm schon einmal gestohlen". Sie wichen von diesem Thema ab, um einer bestimmten Gruppe der Kinder von Yaqoob$^{(A.S.)}$ die Schuld zu geben.

Der Prophet Yusuf$^{(A.S.)}$ hörte ihren Hass mit eigenen Ohren und war von Reue erfüllt. Dennoch schluckte er seinen Zorn hinunter und behielt ihn in sich. Er sagte zu sich selbst: "Du bist weiter gegangen und hast Schlimmeres getan; es wird dir schlecht ergehen und danach noch schlimmer, und Allah kennt deine Absicht.

Nach diesen Äußerungen der Brüder war Schweigen über sie gekommen. Dann vergaßen sie ihre heimliche Genugtuung und dachten an den Propheten Yaqoob$^{(A.S.)}$; sie hatten mit ihm einen Eid geschworen, seinen Sohn nicht zu verraten. Sie begannen, Yusuf$^{(A.S.)}$ um Gnade zu bitten.

"Yusuf, o Minister! Nimm stattdessen einen von uns. O Herrscher des Landes! Wahrlich, er hat einen alten Vater, der um ihn trauern wird. Er ist der Sohn eines guten Mannes, und wir können sehen, dass auch du ein ehrenwerter Mann bist."

Yusuf$^{(A.S.)}$ antwortete ruhig: "Wie können Sie den Mann freilassen wollen, der den Kelch des Königs gestohlen hat? Das wäre eine Sünde."

Die Brüder flehten weiter um Gnade. Die Wachen sagten jedoch, dass der König gesprochen habe und sein Wort Gesetz sei.

Als sie also an ihm verzweifelt waren, hielten sie eine private Konferenz ab. Judah, der Älteste, war sehr besorgt und erzählte es den anderen,

"Wir haben unserem Vater im Namen Allahs versprochen, ihn nicht zu enttäuschen. Ich werde daher zurückbleiben und nur zurückkehren, wenn mein Vater es mir erlaubt.

Die Brüder hinterließen genügend Vorräte für Juda, das in einer Taverne blieb und auf das Schicksal von Binyamin wartete. In der Zwischenzeit hielt Yusuf$^{(A.S.)}$ Binyamin als seinen persönlichen Gast in seinem Haus fest und erzählte ihm, wie er sich den Plan ausgedacht hatte, den Becher des Königs in seine Tasche zu stecken, um ihn zurückzubehalten und ihn so zu beschützen. Er war auch froh, dass Juda zurückgeblieben war, da er ein gutherziger Bruder war. Yusuf$^{(A.S.)}$ arrangierte insgeheim, über das Wohlergehen Judas zu wachen.

Yusufs$^{(A.S.)}$ Plan, die anderen zurückzuschicken, bestand darin, ihre Aufrichtigkeit zu testen. Er wollte sehen, ob sie zurückkommen würden, um die beiden Brüder zu holen, die sie zurückgelassen hatten.

Als sie zu Hause ankamen, gingen sie auf den Ruf ihres Vaters ein,

"O unser Vater! Dein Sohn hat gestohlen!"

Der Prophet Yaqoob$^{(A.S.)}$ war verwirrt und glaubte den Nachrichten kaum. Dann erzählten ihm die Brüder alles. Er war von Trauer überwältigt, und seine Augen weinten Tränen.

"Geduld sei mit mir; vielleicht wird Allah$^{(S.W.T.)}$ sie mir alle zurückgeben. Er ist der Allwissendste und Weiseste."

Einsamkeit umgab ihn, und doch fand er Trost in der Geduld und im Vertrauen auf Allah. Er war tief verletzt. Nur das Gebet konnte ihn trösten und seinen Glauben und seine Geduld stärken. All die Jahre weinte er um seinen geliebten Sohn Yusuf$^{(A.S.)}$; und nun war ihm ein weiterer seines besten Sohnes entrissen worden. Yaqoob$^{(A.S.)}$ verlor fast sein Augenlicht, als er über diesen Verlust weinte.

Die anderen Söhne flehten ihn an: "O Vater, du bist ein edler Prophet und ein großer Gesandter Allahs. Offenbarungen kamen auf dich herab, und die Menschen erhielten von dir Führung und Glauben. Warum zerstörst du dich selbst auf diese Weise?"

Er antwortete: "Mich zurechtzuweisen wird meine Trauer nicht mindern. Nur die Rückkehr meiner Söhne wird mich trösten. Meine Söhne, geht auf die Suche nach Yusuf und seinem Bruder; verzweifelt nicht an Allahs Gnade".

Allah, der Allmächtige hat es uns gesagt: Sie sagten: "Bei Allah! Ihr werdet niemals aufhören, Yusuf zu gedenken, bis ihr im Alter schwach werdet oder bis ihr von den Toten seid.

sagte er: "Ich beklage mich nur über meinen Kummer und meine Trauer bei Allah, und ich weiß von Allah, was ihr nicht wisst.

Der Prophet Yaqoob$^{(A.S.)}$ bat seine Söhne, noch einmal nach Ägypten zu gehen. Die Karawane brach nach Ägypten auf. Die Brüder - auf dem Weg zum obersten Minister (Prophet Yusuf$^{(A.S.)}$) - wurden arm und depressiv.

Am Ende plädierten sie für Yusuf$^{(A.S.)}$. Sie baten ihn um Almosen, appellierten an sein Herz und erinnerten ihn daran, dass Allah Almosenspender belohnt. In diesem Augenblick, mitten in ihrer Not, sprach der Prophet Yusuf$^{(A.S.)}$ zu ihnen in ihrer Muttersprache.

"Wissen Sie, was Sie mit Yusuf und seinem Bruder gemacht haben, als Sie unwissend waren?

Die Brüder waren schockiert, als sie dies hörten. Denn sie wussten, dass dieses Geheimnis nur ihnen und Yusuf$^{(A.S.)}$ bekannt ist.

Sie sagten: "Bist du unser Bruder Yusuf?"

sagte er: "Ich bin Yusuf. Und Binyamin ist mein Bruder. Allah ist in der Tat gnädig zu uns gewesen. Wer Allah fürchtet und geduldig ist, den wird Allah sicherlich immer belohnen."

Die Brüder zitterten vor Angst.

"Wir haben gesündigt, Bruder. Allah hat dich sicherlich über uns bevorzugt." Sie sagten.

Doch Yusuf$^{(A.S.)}$ tröstete sie. "Keine Vorwürfe an Sie an diesem Tag. Möge Allah dir vergeben, und Er ist der Barmherzigste unter denen, die Barmherzigkeit zeigen.

Yusuf$^{(A.S.)}$ umarmte sie, und sie weinten gemeinsam vor Freude. Yusuf$^{(A.S.)}$ konnte sein verantwortungsvolles Amt nicht ohne angemessenen Ersatz verlassen, also riet er seinen Brüdern. "Geht mit diesem Hemd von mir und streichelt es über das Gesicht meines Vaters, er wird sein Augenlicht wiedererlangen. Und bring deine ganze Familie zu mir."

Die Brüder stimmten zu und brachen nach Kanaan auf. Als sie sich dem Kanaan näherten, spürte der Prophet Yaqoob$^{(A.S.)}$ den Duft von Yusuf$^{(A.S.)}$ in der Luft. Plötzlich stand er auf, zog sich an und ging zu seinen Söhnen.

bemerkte die Frau des ältesten Sohnes: "Yaqoob$^{(A.S.)}$ ist heute aus seinem Zimmer gekommen." Die Frauen erkundigten sich, was los sei. Es gab eine Andeutung eines Lächelns auf seinem Gesicht.

Die anderen fragten ihn: "Wie fühlen Sie sich heute?"

Er antwortete: "Ich kann Yusuf in der Luft riechen."

Die Ehefrauen ließen ihn allein und sagten sich gegenseitig, dass es keine Hoffnung für ihn gebe. "Er wird daran sterben, über Yusuf zu weinen."

"Hat er über Yusufs Hemd gesprochen?"

"Ich weiß es nicht. Er sagte, er könne ihn riechen; vielleicht ist er verrückt geworden."

An diesem Abend wollte der alte Mann eine Tasse Milch, um sein Fasten zu brechen, denn er hatte gefastet. Als die Karawane näher kam, betete der Prophet weiter zu Allah$^{(S.W.T.)}$. Als die Karawane schließlich eintraf, kam der Prophet Yaqoob$^{(A.S.)}$ nach draußen und fragte: "Ich spüre tatsächlich den Geruch von Yusuf. Ist er echt?"

"Sie irren sich sicherlich." Sagte eine Ehefrau.

Aber der Prophet hat tatsächlich die Wahrheit gesagt. Der Überbringer der frohen Botschaft traf ein. Einer seiner Söhne streichelte das Hemd über sein Gesicht, und Yaqoob$^{(A.S.)}$ wurde hellsichtig.

"Habe ich dir nicht gesagt, dass ich von Allah weiß, dass du es nicht weißt? Er sagte zu ihnen fröhlich.

Die Brüder hatten ihre Fehler erkannt. Sie fragten den Propheten Yaqoob$^{(A.S.)}$,

"Wir haben gesündigt, Vater. Bitte Allah um Vergebung für unsere Sünden."

sagte er: "Ich werde meinen Herrn um Vergebung für dich bitten, wahrlich, Er! Nur Er ist der Allverzeihende, der Barmherzigste."

Dann reiste der Prophet Yaqoob$^{(A.S.)}$ nach Ägypten, um seinen Sohn zu treffen. Der Prophet Yusuf$^{(A.S.)}$ empfing ihn mit großer Freude. Er setzte seinen Vater auf den Thron. Yaqoobs$^{(A.S.)}$

Glück kannte keine Grenzen. Dann warfen sich seine Eltern und alle elf Brüder vor dem Propheten Yusuf^(A.S.) nieder.

"Das ist der Traum, den ich gesehen habe, als ich jung war. Ich sah elf Sterne, die Sonne und den Mond, die sich vor mir verneigten. Mein Herr hat ihn wahr werden lassen."

Der Prophet Yusuf^(A.S.) arrangierte für sich und seine Familie eine Audienz beim König, um den König um die Erlaubnis zu bitten, sich in Ägypten niederzulassen. Er war ein Gewinn für das Königreich, und der König war froh, dass er bei seinem Haushalt blieb. Dann warf er sich aus Dankbarkeit vor Allah^(S.W.T.) nieder. Diese beherrschende Macht und Verantwortung lenkte den Propheten nicht von Allah ab. Er erinnerte sich die ganze Zeit an seinen Schöpfer und Wohltäter.

Der Prophet Yusuf^(A.S.) wollte nicht den Tod eines Königs sterben. Er mochte es nicht, um das königliche Volk versammelt zu sein. Er wollte den Tod eines Sklaven Allahs sterben und um das rechtschaffene Volk versammelt sein. Zum Zeitpunkt seines Todes bat er seine Brüder, ihn neben seinen Vorvätern zu begraben. Als er also starb, wurde er mumifiziert und in einen Sarg gelegt, bis eine geeignete Zeit gekommen war, um aus Ägypten herausgebracht zu werden. Es wird gesagt, dass er im Alter von hundertzehn Jahren starb.

Daher wurde berichtet, dass Allahs Gesandter Muhammad (Friede sei mit ihm) gefragt wurde: "Wer ist der Ehrwürdigste im Volk?" Er antwortete: "Der Gottesfürchtigste." Das Volk antwortete: "Der Gottesfürchtigste: "Wir wollen dich nicht danach fragen." Er sagte: "Wir wollen Sie nicht danach fragen: "Die ehrwürdigste Person ist Yusuf, Allahs Prophet, der Sohn des Propheten Allahs, des Sohnes des treuen Freundes Allahs (d.h. Ibrahim)." (Sahih Al-Bukhari)

PROPHET YUNUS^(A.S)

Der Besitzer des Fisches

VOR LANGER, LANGER Zeit gab es eine Stadt namens 'Nineveh'. Sie lag am rechten Ufer des Tigris im alten Assyrien, auf der anderen Seite des Flusses gegenüber der heutigen Großstadt Mosul im Irak. Das Volk von Niniveh war ein Götzendiener, der ein schamloses Leben führte. Der Prophet Yunus (Jona)$^{(A.S.)}$ wurde von Allah$^{(S.W.T.)}$ nach Ninive gesandt, um ihnen über den wahren Gott zu predigen.

"Ihr solltet nur an Allah$^{(S.W.T.)}$ glauben und seinen Befehlen gehorchen", warnte er sie, "sonst wird eine schwere Strafe über euch kommen".

Aber die Einwohner der Stadt mochten es nicht, wenn sich jemand in ihre Art der Anbetung einmischte.

"Wir und unsere Vorväter haben diese Götter viele Jahre lang angebetet", sagte ein alter Mann, "und uns ist kein Leid zugefügt worden".

Der Prophet Yunus$^{(A.S.)}$ versuchte sehr hart, das Volk von Allah$^{(S.W.T.)}$ zu überzeugen, aber das Volk ignorierte ihn weiterhin. Er warnte davor, dass Allah sie bald bestrafen wird, wenn sie mit ihrer Torheit weitermachen.

Anstatt Allah zu fürchten, sagten sie dem Propheten, dass sie sich nicht vor seinen Drohungen fürchten.

"Dein Gott soll uns bestrafen!" Sie sagten es ihm.

Der Prophet wurde entmutigt: "In diesem Fall werde ich dich deinem Elend überlassen. Er sagte, er habe die Stadt Niniveh verlassen. Er wurde ungeduldig und reiste ab, ohne auf weitere Befehle Allahs zu warten. Er wusste, dass Gott zornig auf ihn sein musste. Also beschloss er, in ein fernes Land zu reisen.

Sobald der Prophet die Stadt verließ, begann der Himmel seine Farbe zu ändern. Es sah aus, als stünde er in Flammen. Die Menschen waren bei diesem Anblick von Angst erfüllt. Sie erinnerten sich an die Zerstörung der Menschen von A'ad, Thamud und Nuh. Langsam begann der Glaube in ihre Herzen einzudringen.

Sie versammelten sich auf dem Gipfel eines Berges und begannen, zu Allah um seine Gnade zu beten. Die Berge hallten mit ihren Schreien wider. Die Menschen von Niniveh taten aufrichtig Buße für die Sünden, die sie begangen hatten. Als Allah ihre Gebete erhörte, beschloss er, sie nicht zu bestrafen. Er überschüttete das Volk noch einmal mit seinem Segen. Als die Menschen erkannten, dass sie gerettet waren, beteten sie zu Allah um die Rückkehr des Propheten Yunus$^{(A.S.)}$, damit er sie führen möge.

In der Zwischenzeit hatte der Prophet Yunus$^{(A.S.)}$ in Begleitung anderer Passagiere ein kleines Schiff geentert. Es segelte den ganzen Tag in ruhigen Gewässern, wobei ein guter Wind an den Segeln wehte. Doch als die Nacht kam, änderte sich das Meer plötzlich. Es gab einen schrecklichen

Sturm, und es sah aus, als würde das Schiff in Stücke zerspringen. Die Wellen stiegen so hoch wie Berge und warfen das Schiff auf und ab.

Alle auf dem Schiff hatten schreckliche Angst. Der Kapitän des Schiffes rief der Besatzung zu, die schwere Last des Schiffes zu erleichtern. Die Besatzung warf zunächst ihr Gepäck über Bord, aber das war nicht genug. Ihre Sicherheit hing davon ab, das Gewicht weiter zu reduzieren. So beschlossen sie untereinander, dass einer von ihnen ins Meer geworfen werden müsse.

In der Zwischenzeit war hinter dem Schiff ein riesiger Wal aufgetaucht. Allah^(S.W.T.) hatte dem Wal befohlen, aufzutauchen. Der Wal folgte dem Schiff weiter, wie ihm befohlen worden war.

Der Kapitän des Schiffes sagte der Besatzung: "Wir werden Lose mit den Namen aller Reisenden machen. Derjenige, dessen Name gezogen wird, wird ins Meer geworfen."

Yunus^(A.S.) nahm widerwillig an der Sortierung teil, und auch sein Name wurde hinzugefügt. Als das Los gezogen wurde, stand "Yunus" auf dem Papier. Da die Besatzung wusste, dass der Prophet der ehrenwerteste Mann unter ihnen war, wollten sie ihn nicht ins Meer werfen. Deshalb zogen sie ein zweites Los.

Als sie das Los zum zweiten Mal erledigten, tauchte der Name des Propheten wieder auf. Die Mannschaft entschied sich für einen letzten Versuch und zog ein drittes Los. Aber auch beim dritten und letzten Los erschien der Name des Propheten. Der Prophet Yunus^(A.S.) erkannte, dass Allahs^(S.W.T.) besonderer Wille an dem Geschehen beteiligt war. Er erkannte, dass Allah ihn auf die Probe stellte, weil er die Mission ohne Allahs Zustimmung aufgegeben hatte.

Es wurde beschlossen, dass der Prophet Yunus^(A.S.) sich ins Wasser werfen sollte. Yunus^(A.S.) stand am Rand des Schiffes und schaute auf das wütende Meer. Es war Nacht und es stand kein Mond am Himmel. Die Sterne waren hinter einem schwarzen Nebel verborgen. Bevor er ins Meer sprang, erwähnte der Prophet immer wieder den Namen Allahs. Dann sprang er ins Meer und verschwand unter den riesigen Wellen.

Der Wal, der dem Schiff folgte, fand den Propheten Yunus^(A.S.) auf den Wellen schwimmend vor. Er verlor keine Zeit und verschlang ihn in einem Schluck. Der Wal schloss seine elfenbeinfarbenen Zähne, als wären sie weiße Riegel, die die Tür seines Gefängnisses verschlossen. Dann tauchte er auf den Meeresgrund. Der Prophet stellte sich vor, er sei tot, aber seine Sinne wurden wach, als er glaubte, er könne sich bewegen. Er erkannte, dass er lebte und im Gefängnis saß.

In seiner Einsamkeit begann er darüber nachzudenken, was in der Stadt geschehen war, und erkannte, dass er die Stadt nie hätte verlassen dürfen. Stattdessen hätte er bleiben und weiter mit den Menschen sprechen und sie bitten sollen, zu Allah^(S.W.T.) zurückzukehren. In seiner Verzweiflung betete der Prophet von ganzem Herzen zu Allah.

"Oh Allah! Es gibt keinen Gott außer dir. Dir allein gebe ich Lob und Ehre. Ich habe Unrecht getan, wenn Du mir nicht hilfst, werde ich für immer verloren sein."

Der Prophet betete weiter zu Allah und wiederholte seine Gebete. Fische, Wale und viele andere Lebewesen, die im Meer lebten, hörten die Stimme der Gebete des Propheten, die aus dem Bauch des Wals kam. All diese Lebewesen versammelten sich um den Wal und priesen Allah$^{(S.W.T.)}$, jedes in seiner eigenen Sprache. Der Wal nahm auch an der Lobpreisung Allahs teil. Dann verstand er, dass er einen Propheten verschluckt hatte. Der Wal fühlte sich zuerst ängstlich und sagte dann zu sich selbst: "Warum sollte ich mich fürchten? Allah befahl mir, ihn zu verschlingen."

Allah der Allmächtige sah die aufrichtige Reue des Propheten Yunus$^{(A.S.)}$ und beschloss, ihn zu retten. Er befahl dem Wal, an die Oberfläche zu gehen und den Propheten ans Ufer zu stoßen. Der Wal gehorchte und schwamm an die Oberfläche des Ozeans. Dann schleuderte er den Propheten Yunus$^{(A.S.)}$ auf eine abgelegene Insel aus.

Der Prophet war nun wegen der Säuren im Magen des Wals sehr krank. Seine Haut war entzündet, und als die Sonne aufging, verbrannten die Strahlen seinen Körper. Der Prophet war inzwischen kurz davor, vor Schmerzen zu schreien, aber er ertrug den Schmerz und setzte seine Gebete zu Allah fort. Allah$^{(S.W.T.)}$ ließ dann einen Baum hinter dem Ort wachsen, an dem der Prophet Yunus$^{(A.S.)}$ betete.

Dieser Baum schützte den Propheten vor den harten Strahlen der Sonne und gab ihm auch nahrhafte Früchte. Allmählich erlangte er seine Kraft zurück und fand den Weg zurück nach Ninive.

Er war angenehm überrascht, als er die Veränderung bemerkte, die stattfand. Die gesamte Bevölkerung von Niniveh zeigte sich ihm gegenüber aufgeschlossen. Sie teilten ihm mit, dass sie nun Allah, den einen wahren Gott, anbeten. Der Prophet war begeistert, das zu hören, und lebte glücklich, bis er starb.

PROPHET MUSA^(A.S)

Eine Ära der Magie & Der Seedurchbohrer

DER PROPHET MUSA^(A.S.) gilt im Islam als Prophet, Gesandter und Führer. Er ist die im Koran am häufigsten erwähnte Person. Im Koran heißt es, dass der Prophet Musa^(A.S.) von Allah^(S.W.T.) an den Pharao von Ägypten und die Israeliten zur Führung und Warnung gesandt wurde.

Der Prophet Musa^(A.S.) wuchs als Fürst auf. Die Pharaonen, die über Ägypten herrschten, waren sehr grausam gegenüber den Nachkommen des Propheten Yaqoob^(A.S.). Diese Nachkommen waren als "die Kinder Israels" bekannt.

DER TRAUM DES PHARAOS & DIE GEBURT DER MUSA^(A.S.)

Sie wurden als Sklaven gehalten und gezwungen, für einen geringen Lohn und manchmal sogar umsonst zu arbeiten. Der Pharao wollte, dass die Israeliten nur ihm gehorchen und nur seine Götter anbeten. Auf diese Weise kamen viele Dynastien nach Ägypten, und sie nahmen an, dass sie Götter oder ihr repräsentativer Sprecher seien. Jahre vergingen, und ein sehr grausamer Mann namens Phir'oun war nun der Pharao. Er hasste die Israeliten sehr. Er bestrafte diese Israeliten bei jeder sich bietenden Gelegenheit. Er hasste es, sie sich in seinem Königreich vermehren und gedeihen zu sehen. Eines Nachts, als der Pharao schlief, hatte er einen Traum. In seinem Traum sah er, dass ein riesiger Feuerball vom Himmel kam und die Stadt niederbrannte. Das Feuer verbrannte die Häuser aller Ägypter, aber die Häuser der Israeliten blieben unversehrt. Der Pharao war entsetzt. Er verstand nicht, was der Traum bedeutete. Deshalb rief er am nächsten Tag seine Priester und Zauberer. Er fragte sie nach dem Traum, den er hatte.

Der Priester sagte zu ihm: "Das bedeutet, dass den Israeliten sehr bald ein Junge geboren wird. Die Ägypter werden durch die Hand dieses Jungen umkommen".

Der Pharao wurde wütend. Er befahl, jedes männliche Kind der Israeliten zu töten. Der Befehl des Pharaos wurde ausgeführt, und die Soldaten begannen, jedes männliche Kind der Israeliten zu töten. Zu dieser Zeit wurde der Prophet Musa^(A.S.) geboren. Der Prophet wurde in einer armen israelitischen Familie geboren, und er hatte einen älteren Bruder namens Haroon^(A.S.) und eine Schwester. Allah^(S.W.T.) hatte einen Plan für den Propheten. Er befahl seiner Mutter, ihn in einen Korb zu legen und ihn flussabwärts auf dem großen Nil treiben zu lassen.

Seine Mutter tat, was ihr gesagt wurde, und sie ließ ihn im Fluss treiben. Ihr Herz trauerte um ihren Sohn. Aber sie wusste, dass Allah^(S.W.T.) sich um ihren Sohn sorgte, und sie wusste, dass ihm kein Leid widerfahren würde. Als der Korb davonfloss, bat sie ihre Tochter, dem Korb stromabwärts zu folgen und dafür zu sorgen, dass ihrem Sohn kein Leid widerfährt. Der Korb schwamm lange Zeit im Fluss, und die Schwester des Propheten folgte dem Korb, wie ihre Mutter es ihr aufgetragen hatte.

Allah^(S.W.T.) lenkte den Korb, und nachdem er einige Zeit auf dem Nil getrieben war, trat der Korb in einen kleinen Strom ein. Die Frau des Pharaos badete in diesem Strom, und als sie den Korb sah, bat sie ihre Diener, ihn an Land zu bringen. Als sie das Baby sah, verliebte sie sich einfach in ihn. Die Frau des Pharaos war ganz anders als der Pharao. Sie war gläubig, und sie war auch barmherzig. Sie sehnte sich nach einem Kind, und als sie das Baby sah, umarmte und küsste sie es. Es überraschte den Pharao, als er sah, wie seine Frau das Baby umarmte und küsste. Er war erstaunt, als er sah, wie sie mit einer Freude weinte, wie er sie noch nie zuvor gesehen hatte.

"Lasst mich dieses Baby behalten und lasst es uns ein Sohn sein", bat sie ihren Mann.

Der Pharao konnte sie nicht abweisen, und sie beschlossen, das Kind zu adoptieren. Nach einiger Zeit bekam das Baby Hunger und fing an zu weinen. Die Königin rief ein paar Amme, um das Baby zu füttern, aber er weigerte sich, etwas von ihrer Muttermilch zu nehmen. Daraufhin brachten die Soldaten die Schwester zur Königin.

"Dieses Mädchen folgte dem Korb", sagten sie ihr.

Dann antwortete die Schwester: "Ich bin dem Korb nur aus Neugierde gefolgt, Eure Hoheit".

Als sie ihren Bruder weinen sah, beunruhigte sie das. Sie platzte heraus.

"Ich kenne jemanden, der ihn ernähren kann", stimmte die Königin zu, und sie befahl den Soldaten, die Frau zu holen, von der das kleine Mädchen sprach. Die Schwester des Propheten brachte dann die Mutter, und sie begann, ihn zu füttern. Als das Kind an ihre Brust gelegt wurde, begann er sofort mit dem Saugen der Milch. Der Pharao, der all dies beobachtete, war erstaunt und fragte: "Wer bist du? Dieses Kind hat sich geweigert, eine andere Brust als deine zu nehmen".

Die Mutter des Propheten wusste, dass sie sie sofort töten würden, wenn sie ihnen die Wahrheit sagen würde. Also sagte sie ihnen: "Ich bin eine Frau mit süßer Milch und süßem Geruch. Deshalb lehnt mich kein Kind ab." Ihre Antwort befriedigte den Pharao, und sie ernannten sie zu seiner Amme.

PROZESS VOM PRINZEN VON ÄGYPTEN GEGEN DEN HART ARBEITENDEN MIDIAN

Musa^(A.S.) wuchs als Prinz im Palast auf. Allah gewährte ihm gute Gesundheit, Stärke, Wissen und Weisheit. Er hatte ein gütiges Herz, so dass sich die Schwachen und Unterdrückten oft an ihn wandten und ihn um Hilfe baten. Eines Tages sah er bei einem Spaziergang durch die Stadt, wie ein ägyptischer Soldat einen Israeliten schlug. Als der Israelit den Propheten sah, flehte er ihn um seine Hilfe an. Der Prophet beschloss, dem armen Mann zu helfen, und bat den Soldaten, mit dem Schlagen des Israeliten aufzuhören. Der Soldat stellte seine Autorität in Frage und sagte etwas, das den Propheten erzürnte. Der Prophet versuchte zunächst, mit dem Soldaten vernünftig zu reden, aber er war nicht bereit, ihm zuzuhören. Dann trat der Prophet vor und schlug den Soldaten mit einem so heftigen Schlag, dass er zusammenbrach und starb. Als ihm klar wurde, was er getan hatte, brach ihm der kalte Schweiß von der Stirn.

Er sagte sich: "Das ist das böse Werk von Shaitaan. Er hat mich in die Irre geführt."

Der Prophet wusste, dass es eine Sünde ist, jemanden zu töten, bis er vor Gericht gestellt und für schuldig befunden wird. Er kniete sich auf den Boden und betete zu Allah,

"Oh mein Herr! Ich habe in der Tat meiner Seele Unrecht getan. Bitte vergib mir."

Am nächsten Tag sah er, wie derselbe Israelit mit einem anderen Mann kämpfte. Der Prophet half den Schwächeren und sagte: "Sie scheinen jeden Tag mit dem einen oder dem anderen in Kämpfe verwickelt zu sein".

Der Israelit bekam Angst und sagte: "Es tut mir so leid. Bitte töten Sie mich nicht so, wie Sie gestern einen Soldaten getötet haben."

Der Ägypter, mit dem der Israelit kämpfte, belauschte die Äußerungen, und er meldete dies den Behörden. Am nächsten Tag, als Musa$^{(A.S.)}$ in der Stadt spazieren ging, kam ein Mann zu ihm gerannt.

"Musa! Die Soldaten kommen, um dich zu verhaften. Verschwinde, solange noch Zeit ist", sagte der Mann.

Der Prophet wusste, dass die Strafe für die Tötung eines Ägypters der Tod ist, und so beschloss er, Ägypten zu verlassen. Der Prophet verließ Ägypten in Eile. Er machte sich nicht einmal die Mühe, seine Kleidung zu wechseln. Er war nicht auf Reisen vorbereitet, so dass er weder ein Tier zum Reiten noch eine Karawane hatte. Er war abgereist, sobald der Mann ihn warnte.

Der Prophet Musa$^{(A.S.)}$ wanderte viele Tage und Nächte in der Wüste umher. Er reiste in Richtung 'Midian', der nächstgelegenen Stadt zwischen Syrien und Ägypten. Sein einziger Begleiter in der Wüste war Allah, und seine einzige Versorgung war die Frömmigkeit. Der glühende Sand verbrannte seine Fußsohlen, aber aus Angst vor der Verfolgung durch die Soldaten zwang er sich, weiter zu gehen. In diesem Zustand lief er acht Tage und Nächte lang. Schließlich gelang es dem Propheten, die Wüste zu durchqueren, und er erreichte die Außenbezirke von Midian. Nachdem er noch einige Zeit gelaufen war, erreichte er eine Wasserstelle außerhalb der Stadt. Kaum hatte er die Quelle erreicht, warf er sich unter einen Baum, um einige Zeit zu rasten. Als er zu Atem kam, bemerkte er zwei Frauen, die mit ihren Schafen zur Seite standen. Sie standen weit weg und zögerten, sich der Menge zu nähern. Der Prophet spürte, dass die Frau Hilfe brauchte. Da er ein Mann von Ehre war, ignorierte er seinen Stoß und ging zu ihnen.

"Kann ich Ihnen auf irgendeine Weise helfen? Warum gehen Sie zur Seite?", fragte er sie.

Dann antwortete die ältere Schwester: "Wir warten, bis die Männer mit dem Tränken ihrer Schafe fertig sind".

"Warum warten Sie?", fragte er sie erneut.

"Wir sind hilflos", sagten sie.

"Unser Vater ist sehr alt, und er hat nicht die Kraft, sich dieser Menge zu stellen. Wenn wir vorwärts gehen, werden uns diese starken Männer zur Seite schieben. Wenn diese Leute fertig sind, dann bringen wir unsere Tiere zum Wasser. Das ist unsere tägliche Routine", erklärten sie.

Der Prophet brachte die Schafe der Frauen zum Wasserloch, wo er sich leicht zwischen die Männer drängte. Als er sich dem Wasser näherte, sah er, dass die Hirten den großen Stein zur Abdeckung des Brunnens gelegt hatten. Der Prophet hob den Stein mit einer Hand an, und er ließ die Tiere trinken. Die Menschen, die dort standen, waren von Ehrfurcht ergriffen, als sie sahen, wie er den Stein mit nur einer Hand anhob. Dann kehrte er zurück und setzte sich in den Schatten des Baumes. Da merkte er, dass er vergessen hatte zu trinken.

"Oh Herr", betete er, "was immer du mir Gutes tun kannst, ich brauche es jetzt ganz sicher".

Als ihre Töchter früher als gewöhnlich nach Hause zurückkehrten, überraschte dies ihren Vater. Die Töchter erklärten dann, was in der Oase geschah und warum sie früher nach Hause kamen. Ihr Vater wollte dem Fremden danken, also schickte er eine seiner Töchter, um den Fremden zu sich nach Hause einzuladen. Eine der Töchter kehrte zum Propheten zurück und sagte zu ihm: "Mein Vater will dich für deine Freundlichkeit belohnen, und er lädt dich zu uns nach Hause ein. Er willigte ein und begleitete die Jungfrau zu ihrem Vater.

Als sie das Haus erreichten, stellte sich der Prophet vor und erzählte ihm seine Lebensgeschichte. Dann erzählte er ihnen, warum er aus Ägypten fliehen musste. Der alte Mann tröstete ihn: "Seid Allah dankbar, dass es euch gelungen ist, diesen Tyrannen zu entkommen. Du brauchst dich jetzt nicht zu fürchten."

Dem alten Mann und seinen Töchtern gefiel das sanfte Verhalten des Propheten sehr gut. Sie luden ihn ein, ein paar Tage bei ihnen zu bleiben, und der Prophet nahm ihre Einladung gerne an. Der Gastgeber erkannte bald, dass der Prophet ein vertrauenswürdiger Mann war.

Eines Tages kam der alte Mann auf ihn zu und sagte: "Ich möchte dich mit einer meiner Töchter verheiraten".

Der Prophet war froh, dies zu hören.

"Aber unter einer Bedingung", fügte der alte Mann hinzu. "Sie müssen sich bereit erklären, acht Jahre lang für mich zu arbeiten."

Der Prophet Musa[(A.S.)] war ein Fremder in einem fremden Land. Erschöpft und allein kam ihm dieses Angebot sehr gelegen. Er heiratete die Tochter des Midianiters und kümmerte sich zehn lange Jahre lang um seine Tiere. Die Zeit verging, und er blieb weit weg von seiner Familie und seinem Volk. Dieser Zeitraum von zehn Jahren war für den Propheten sehr wichtig. Es war eine Zeit großer Vorbereitungen. Musa^(A.S.) vollendete zehn Jahre seines Dienstes, wie er es versprochen hatte.

MOUNT TUR & DIE OFFENBARUNG VON ALLAH

Eines Tages überkam ihn plötzlich das Heimweh. Er begann, seine Familie und das Land Ägypten zu vermissen. Er wollte verzweifelt nach Ägypten zurückkehren. In dieser Nacht ging er zu seiner Frau und sagte: "Wir werden morgen nach Ägypten aufbrechen.

Seine Frau willigte ein, und sie begannen, ihre Habseligkeiten zu packen. Musa^(A.S.) verließ Midian mit seiner Familie und reiste durch die Wüste. Sie reisten viele Tage und erreichten schließlich die Nähe des Berges Sinai.

"Ich glaube, wir haben unseren Weg verloren", sagte der Prophet.

Musa^(A.S.) war sich nicht sicher, so dass er beschloss, dort ein Nachtlager aufzuschlagen. Dann machte er sich auf die Suche nach Brennholz, um ein Feuer anzuzünden. Er suchte weiter und erreichte den Berg Tur. Als er lief, bemerkte er ein Feuer, das auf dem Gipfel des Berges brannte. Musa^(A.S.) ging auf das Feuer zu, und während er lief, hörte er eine Stimme.

"O Musa! Ich bin Allah, der Herr des Universums", sagte die Stimme.

Der Prophet Musa^(A.S.) erkannte, dass es tatsächlich Gott war, der zu ihm sprach, und so ging er auf das Feuer zu. Daraufhin bat Allah^(S.W.T.) den Propheten, seine Schuhe auszuziehen, da er auf einem heiligen Boden stand. Gott offenbarte ihm dann, dass er für eine besondere Mission ausgewählt worden war, und bat ihn, seinen Anweisungen zu folgen.

"Und was ist das in Ihrer rechten Hand?" fragte Allah ihn.

"Das ist mein Stab", antwortete er. "Auf den ich mich stütze und mit dem ich die Zweige für meine Schafe herunter schlage."

"Werfen Sie Ihren Stab weg!", befahl die Stimme. Kaum warf der Prophet den Stab hinunter, verwandelte er sich in eine zappelnde Schlange. Musa^(A.S.) war so verängstigt, dass er zu rennen begann.

Aber die Stimme sagte: "Fürchte dich nicht und greife deinen Stock, wir werden ihn in seinen früheren Zustand zurückbringen.

Der Prophet hatte schreckliche Angst vor der Schlange. Dann vertraute er der Stimme und legte seine Hand über die Schlange. Sie verwandelte sich sofort wieder in einen Stab.

Die Angst vor Musa^(A.S.) ließ nach und wurde durch Frieden ersetzt, als er erkannte, dass er tatsächlich mit Gott sprach. Als nächstes befahl ihm Allah^(S.W.T.), seine Hand in das Gewand zu stecken. Der Prophet tat, was ihm befohlen wurde, und als er seine Hand herauszog, leuchtete sie glänzend.

Allah befahl ihm dann, nach Ägypten zu gehen und sich dem Pharao zu stellen. Er sagte ihm, der Pharao sei arrogant geworden und unterdrücke die Israeliten. Musa^(A.S.) befürchtete, dass er verhaftet würde, wenn er nach Ägypten zurückkehrte. Also sagte er: "Oh Allah! Ich habe einen Mann unter ihnen getötet, und ich fürchte, sie werden mich töten."

Dann tröstete ihn Allah^(S.W.T.) mit den Worten: "Geht und überbringt ihnen diese Botschaft. Zeige ihnen den Weg der Wahrheit. Nehmen Sie Ihren Bruder Haroon, um Ihnen zu helfen. Sie werden dir nichts anhaben können."

Allah^(S.W.T.) versicherte ihm seine Sicherheit, und der Prophet war überzeugt.

DIE WIEDERVEREINIGUNG DER BRÜDER & DIE ERSTE HERAUSFORDERUNG AN DIE ARROGANZ DES PHARAOS

Der Prophet nahm dann seine Familie und machte sich auf den Weg nach Ägypten. Sie wanderten viele Tage lang, und schließlich kamen sie in Ägypten an. Als sie außerhalb der Stadt ankamen, wartete sein Bruder Haroon(A.S.) auf ihn. Haroon(A.S.) war ebenfalls ein Prophet. Er hatte die Vision von Gott erhalten, und in der Vision hatte er gesehen, dass sein jüngerer Bruder bald kommen würde, um die Israeliten zu befreien. Als Musa(A.S.) erkannte, dass dies sein Bruder war, war er in Tränen aufgelöst. Dann gingen beide auf den Palast zu. Der Prophet war seit vielen Jahren nicht mehr in Ägypten gewesen, und er wusste, dass sein Leben in Gefahr war. Nichts hätte ihn zurückbringen können, außer dem Befehl Allahs(S.W.T.).

Der Prophet hörte noch immer die Worte Allahs in seinen Ohren klingen: "Geht zum Pharao und sagt ihm, er solle die Israeliten das Land Ägypten verlassen lassen".

Musa(A.S.) stand nun zusammen mit seinem Bruder vor dem Pharao. Der Prophet sprach mit dem Pharao über Allah(S.W.T.) und seine Barmherzigkeit. Aber der Pharao weigerte sich, zuzuhören, weil er sich selbst für einen Gott hielt. Er hörte der Rede des Propheten mit Verachtung zu. Er hielt den Propheten für verrückt, seine oberste Position in Frage zu stellen. Nachdem der Prophet damit fertig war, Allahs Botschaft zu überbringen, hob der Pharao seine Hand und fragte: "Was willst du?

"Ich möchte, dass ihr die Kinder Israel mit uns sendet", antwortete der Prophet.

"Die Israeliten sind meine Sklaven. Warum sollte ich sie mit dir schicken?"

"Sie sind nicht eure Sklaven! Sie sind die Sklaven Allahs." antwortete Musa.

Diese Antwort verärgerte den Pharao. "Bist du nicht Musa?"

Der Prophet schüttelte den Kopf und antwortete: "Ja."

"Wir haben dich vom Nil abgeholt und hochgebracht, nicht wahr?", fragte der Pharao. "Bist du nicht Musa, der einen Ägypter getötet hat? Du bist ein Flüchtling der Gerechtigkeit, und wie kannst du es wagen, zu mir zu kommen und mit mir zu sprechen?"

Der Prophet ignorierte seinen Sarkasmus und erklärte, er habe den Ägypter bei einem Unfall getötet. Es war nie absichtlich. Dann teilte er dem Pharao mit, dass Allah(S.W.T.) ihm Vergebung gewährt habe und dass er nun einer seiner Gesandten sei.

Der Pharao bat Musa(A.S.), ein Zeichen zu zeigen, um zu beweisen, dass er der Bote Gottes ist. Der Prophet warf seinen Stock auf den Boden. Er verwandelte sich in eine Schlange, die am Boden entlang glitt und glitt. Der Pharao hatte zunächst schreckliche Angst, aber er bemühte sich sehr, es nicht zu zeigen.

"Ha!", sagte der Pharao arrogant.

"Wir haben viele Zauberer in unserem Königreich, die es mit Ihrer Magie aufnehmen können."

Er wandte sich an seine Berater: "Das sind zwei Zauberer, die Ihnen Ihre besten Traditionen nehmen und Sie mit ihrem Zauber aus dem Land vertreiben werden. Was empfehlen Sie ihnen?"

Die Berater sagten dem Pharao, er solle Musa[(A.S.)] und seinen Bruder festhalten, während sie die klügsten Zauberer des Landes herbeiriefen. Dann könnten auch sie ihre magischen Fähigkeiten zeigen und Stöcke in Schlangen verwandeln. Auf diese Weise versuchten sie, den Einfluss seiner Wunder auf die Massen zu verringern. Der Pharao hielt den Propheten und seinen Bruder im Palast gefangen. Dann rief er die besten Magier seines Königreichs in den Palast. Der Pharao versprach ihnen riesige Belohnungen, wenn ihre Magie besser gefunden würde als die des Propheten.

Am üblichen Festtag, der Bürger aus dem ganzen ägyptischen Reich anzog, veranstaltete der Pharao einen öffentlichen Wettbewerb zwischen Musa[(A.S.)] und den Magiern. Die Menschen kamen in Scharen wie zuvor, als sie vom größten Wettstreit zwischen den vielen Magiern des Pharaos und einem einzigen Mann hörten, der behauptete, ein Prophet zu sein. Sie hatten auch von einem Baby gehört, das einmal in einem Korb den Nil hinuntergetrieben war, auf dem Palastgelände des Pharaos landete, als Prinz aufgezogen wurde und später geflohen war, weil es einen Ägypter mit einem einzigen Schlag getötet hatte.

WETTBEWERB ZWISCHEN MUSA^(A.S.) & DEN ZAUBERKÜNSTLERN ÄGYPTENS

Der Tag für den Wettbewerb kam, und der Palast war überfüllt mit Menschen. Die Zauberer standen auf der einen Seite, und der Prophet Musa^(A.S.) und sein Bruder Haroon^(A.S.) standen ihnen gegenüber. Jeder im Palast stellte sich auf die Seite des Pharaos, und der Prophet und sein Bruder standen allein.

Alle waren gespannt und aufgeregt, diesen großartigen Wettbewerb zu sehen. Bevor er begann, erhob sich Musa^(A.S.). In der riesigen Menschenmenge herrschte Stille. Musa^(A.S.) wandte sich an die Zauberer.

"Seid traurig, wenn ihr eine Lüge gegen Allah erfindet, indem ihr Seine Wunder Zauberei nennt und dem Pharao gegenüber nicht ehrlich seid. Wehe euch, wenn ihr den Unterschied zwischen Wahrheit und Falschheit nicht kennt. Allah wird euch mit Seiner Strafe vernichten, denn wer gegen Allah lügt, versagt kläglich".

Musa^(A.S.) hatte aufrichtig gesprochen und die Zauberer zum Nachdenken gebracht. Aber sie wurden von ihrer Gier nach Geld und Ruhm überwältigt. Sie hofften, die Menschen mit ihrer Magie zu beeindrucken und Musa^(A.S) als Betrüger und Schwindler zu entlarven.

Musa^(A.S.) bat die Zauberer, zuerst aufzutreten. Es heißt, dass sich über siebzig Zauberer in einer Reihe aufgestellt hatten. Die Zauberer warfen ihre Stöcke und Gewänder, und plötzlich wurde der Boden von einem Meer von Schlangen überflutet. Sie krümmten und schlitterten überall. Pharao und seine Männer applaudierten lautstark. Die Menge war erstaunt, als sie dies sahen, und sie dachten, der Prophet würde niemals eine so mächtige Magie besiegen können.

Auch Musa^(A.S.) hatte Angst, aber er wusste, dass Allah auf seiner Seite war. Der Prophet warf seinen Stock zu Boden, und plötzlich verwandelte er sich in eine gigantische Schlange. Die Menschen standen auf und reckten ihre Hälse für eine bessere Sicht. Pharao und seine Männer saßen schweigend da, während die Schlange einen nach dem anderen alle anderen kleinen, am Boden liegenden Schlangen fraß. Musa^(A.S.) beugte sich, um sie aufzuheben, und sie wurde zu einem Stab in seiner Hand.

Als die Menge dies sah, stand sie auf wie eine Welle, die dem Propheten zujubelte. Ein solches Wunder hatte man noch nie zuvor gesehen. Die Zauberer waren überrascht, und sie wussten, dass dies nicht nur ein Trick war und dass die Schlange echt war. Sie erkannten, dass Musa^(A.S.) weder ein Magier noch ein Zauberer war und dass seine Macht von etwas Größerem herrührte. So fielen sie auf die Knie und baten Allah um Vergebung. Allah verzieh ihnen, aber der Pharao wurde wütend.

"Wie kannst du an seinen Gott glauben, bevor ich dir meine Erlaubnis gegeben habe", fragte er sie verärgert.

Die Magier antworteten: "Tut, was ihr wollt, aber wir fürchten die Strafe Allahs viel mehr als ihr".

Der Pharao wurde wütend, als er dies hörte. Er erkannte nun, dass er ein Problem hatte, da der Prophet ihn immer wieder aufforderte, die Israeliten zu befreien. Er baute sein Königreich auf der Furcht vor den Israeliten auf, und alle glaubten, er sei ein Gott. Er war nun besorgt, dass sein Königreich kurz davor war, aufgelöst zu werden.

DIE BESTRAFUNG DER ÄGYPTER DURCH ALLAH

Nach dem Wettkampf fühlte sich der Pharao von Musa^(A.S.) bedroht, aber er wurde immer arroganter. Er rief alle Minister und Führer zu einem ernsthaften Treffen zusammen.

"Bin ich ein Lügner, oh Haman?" Mit dieser Frage eröffnete er die Sitzung.

Haman stand auf und fragte: "Wer hat es gewagt, Sie der Lüge zu bezichtigen?

"Hat Musa nicht gesagt, dass es einen Herrn im Himmel gibt?"

"Musa lügt", sagte Haman.

Der Pharao befahl daraufhin, alle, die dem Propheten folgten, zu töten und zu foltern. Die Soldaten begannen daraufhin, Israeliten zu foltern. Sie erschlugen die Männer, und nicht einmal die Babys wurden verschont. Sie sperrten jeden ein, der es wagte, sich ihnen zu widersetzen. Der Prophet stand hilflos da und beobachtete hilflos ihre schrecklichen Taten. Er forderte die Menschen auf, Geduld zu haben und auf Allah^(S.W.T.) zu vertrauen.

Allah befahl Musa^(A.S.), den Pharao zu warnen, dass er und die Ägypter eine schwere Strafe erleiden würden, wenn die Kinder Israels nicht freigelassen würden. Der Prophet suchte den Pharao erneut auf. Daraufhin forderte er erneut die Freilassung der Israeliten, aber der Pharao lehnte ab. Zu dieser Zeit wurde Ägypten von Gott mit einer schweren Dürre heimgesucht. Selbst die üppig grünen und fruchtbaren Täler des Nils begannen zu verdorren und zu sterben. Die Ernten fielen aus, und die Tiere starben. Selbst als die Ägypter unter der Hungersnot litten, weigerte sich der Pharao, zu gehorchen, und er blieb arrogant. Dann sandte Gott eine riesige Flut, um das Land Ägypten zu verwüsten. Sie ertränkte die Dorfbewohner, die Ernten wurden vernichtet, und viele Ägypter wurden getötet. Dann wandte sich das Volk, darunter auch die Ministerpräsidenten, an die Musa^(A.S.).

"Musa!" riefen sie. "Bitte helfen Sie uns! Wir werden an dich und deinen Gott glauben, wenn du diese Strafe von uns nimmst. Wir werden die Kinder Israel mit dir gehen lassen."

Der Prophet betete dann zu Gott, und das Land kehrte zur Normalität zurück. Es wurde fruchtbar, und die Ernte wuchs wieder. Aber die Kinder Israels waren immer noch versklavt. Es wurde ihnen nicht erlaubt, wie versprochen, das Land zu verlassen. Der Prophet bat sie, ihr Versprechen zu erfüllen, aber sie hörten nicht auf seine Bitte. Sie ignorierten ihn und gingen weg.

Er betete wieder zu Gott, und dieses Mal sandte Allah Heuschreckenplagen nach Ägypten. Die Heuschrecken griffen die Ernten an und verschlangen alles, was sich ihnen in den Weg stellte. Das Volk eilte zum Propheten und flehte ihn um Hilfe an. Die Minister versprachen, die Israeliten gehen zu lassen, wenn er die Heuschrecken wegschicken würde. Der Prophet betete erneut zu Gott, und die Heuschrecke zog fort. Aber selbst jetzt ließen sie die Israeliten nicht gehen, wie sie es versprochen hatten. Danach schickte Gott die Läuseplage und verbreitete Krankheiten unter den Ägyptern. Darauf folgte eine Froschplage, die das Volk schikanierte und in Angst und Schrecken versetzte.

Jedes Mal, wenn Gott seine Strafe sandte, eilte das Volk zum Propheten und flehte ihn an, es zu retten. Sie versprachen, die Israeliten jedes Mal zu befreien, aber als Gott die Strafen zurückzog, weigerten sie sich, sie loszulassen. Dann wurde das letzte Zeichen, "das Zeichen des Blutes", offenbart. Das Wasser des Nils verwandelte sich in Blut. Das Wasser erschien normal, als die Israeliten aus dem Fluss tranken. Wenn jedoch ein Ägypter seinen Becher mit Wasser füllte, verwandelte sich das Wasser in Blut. Sie eilten wie gewöhnlich zum Propheten, und sobald sich alles wieder normalisierte, kehrten sie Allah^(S.W.T.) den Rücken zu.

Die Ägypter weigern sich, an Allah zu glauben, trotz der Wunder, die Musa^(A.S.) vollbrachte. Das Volk des Pharaos würde an Musa^(A.S.) appellieren und versprach, die Israeliten freizulassen, aber immer wieder brachen sie ihre Versprechen.

DER EXODUS & DER UNTERGANG DES PHARAOS

Schließlich zog Gott seine Barmherzigkeit zurück und gab Musa^(A.S.) den Befehl, sein Volk aus Ägypten herauszuführen. Das Volk trug seine Juwelen und andere Habseligkeiten mit sich. Diese Massenwanderung wurde später als "Der Exodus" bekannt.

In der Dunkelheit der Nacht führte der Prophet sein Volk zum Roten Meer. Inzwischen erkannte der Pharao, dass die Israeliten die Stadt verlassen hatten. Er wurde wütend und stellte eine Armee zusammen, um den Israeliten zu folgen und sie gefangenzunehmen.

Am frühen Morgen hatten die Israeliten das Rote Meer erreicht. Als der Prophet Musa^(A.S.) zurückblickte, konnte er sehen, wie die Armee immer näher und näher kam. Er erkannte, dass sie bald in der Falle sitzen würden. Vor ihnen lag das Rote Meer, und hinter ihnen stand die Armee des Pharaos.

Furcht und Panik begannen sich in der Bevölkerung auszubreiten. Musa^(A.S.) ging auf den Rand des Roten Meeres zu und schaute zum Horizont hinaus. Da wandte sich Yusha^(A.S.) an den Propheten Musa^(A.S.) und fragte: "Vor uns liegt diese unüberwindbare Barriere - das Meer. Und unser Feind nähert sich von hinten. Sicherlich lässt sich der Tod nicht vermeiden."

Doch der Prophet Musa^(A.S.) geriet nicht in Panik. Er stand schweigend da und wartete darauf, dass Allah^(S.W.T.) sein Versprechen einlöst - die Kinder Israels zu befreien. In diesem Moment befahl Allah Musa^(A.S.), mit seinem Stab das Meer anzugreifen. Musa^(A.S.) tat, was ihm befohlen wurde.

Ein heftiger Wind wehte. Das Meer begann zu wirbeln und sich zu drehen. Und plötzlich teilte sich das Meer und zeigte den Menschen einen Weg, auf dem sie gehen konnten. Es war ein Wunder. Musa^(A.S.) führte dann sein Volk über das Meer. Während sie liefen, stand die Welle wie ein Berg auf jeder Seite. Der Prophet sorgte dafür, dass alle das Meer sicher überquerten. Als er zurückblickte, konnte er den Pharao und seine Männer sich nähern sehen.

"Mit Ausnahme derer, die geduldig sind und rechtschaffene Taten vollbringen; diese werden Vergebung und eine große Belohnung erhalten". [Hud 11:11]

Auch der Pharao und seine Armee hatten dieses Wunder gesehen. Aber der Pharao war ein Heuchler. Er wollte die Lorbeeren für dieses Wunder einheimsen und rief seinen Männern zu: "Seht, das Meer hat sich auf meinen Befehl hin geöffnet, damit wir sie festnehmen können.

Sie eilten über das geteilte Wasser und folgten den Israeliten. Aber als sie die Mitte des Weges erreichten, stürzte Wasser auf sie herab.

Pharao erkannte, dass er sterben würde. Er rief aus Furcht: "Ich glaube, dass es keinen Gott außer Allah gibt, und ich ergebe mich euch.

Aber es war zu spät. Der Vorhang fiel auf die Tyrannei des Pharaos, und die Wellen trugen seinen Körper ans Ufer. Als die Ägypter seinen toten Körper sahen, erkannten sie, dass der Mann, den sie angebetet hatten, nicht einmal seinen eigenen Tod verhindern konnte. Jetzt wussten sie, dass er niemals ein Gott war.

DIE MISSACHTUNG DER ISRAELITEN

Gott hatte die Kinder Israels begünstigt und führte sie sicher aus Ägypten heraus. Nachdem sie einige Tage in der Wüste gewandert waren, bekamen sie Durst. Dann befahl Gott Musa(A.S.), mit seinem Stab auf einen Felsen zu schlagen. Es geschah ein Wunder, und aus dem Fels sprudelten zwölf verschiedene Wasserquellen. Jede Quelle war für zwölf verschiedene Stämme bestimmt. Gott tat dies, damit es beim Teilen des Wassers keinen Streit gibt. Gott schickte auch Wolken, um sie vor der sengenden Sonne zu schützen. Und wenn sie hungrig waren, schickte er eine besondere köstliche Speise namens Manna. Aber trotz der Großzügigkeit Gottes beklagten sich viele Menschen immer wieder beim Propheten.

Musa(A.S.) schimpfte die Menschen und erinnerte sie daran, dass sie gerade das Leben in der Sklaverei hinter sich gelassen hatten. Er bat sie, stattdessen glücklich zu sein und Gott für seine Großzügigkeit zu danken.

Die Kinder der Israeliten waren gebrochene Menschen, unfähig, sich von Sünde und Korruption fernzuhalten. Sie waren des Manna und des Reisens überdrüssig. Sie fragten sich, ob es wirklich einen Ort namens "Caanan" gab. Das Volk reiste tagelang durch die Wüste. Sie liefen ohne Ziel, Tag und Nacht, morgens und abends. Schließlich betraten sie den "Sinai".

Musa(A.S.) erkannte, dass dies der Ort war, an dem er vor seiner Reise nach Ägypten zu Gott gesprochen hatte. Er beschloss, den Berg zu besteigen, also rief er seinen Bruder Haroon(A.S.) an und bat ihn, sich um das Volk zu kümmern, während er fort war. Doch bevor er den Berg bestieg, befahl Gott dem Propheten, dreißig Tage lang zu fasten. Am dreißigsten Tag bat Gott den Propheten dann, noch zehn weitere Tage zu fasten. Nachdem das Fasten beendet war, war Musa(A.S.) bereit, noch einmal mit dem Herrn zu sprechen. Dann begann er, den Berg zu besteigen. Der Aufstieg war lang und schwierig.

Als er oben angekommen war, gab ihm Gott zwei Tafeln, auf denen die Sondergesetze zur Regierung der Israeliten geschrieben standen. Musa(A.S.) war vierzig Tage lang verschwunden, und das Volk wurde unruhig. Sie waren wie Kinder, klagten und handelten impulsiv. Unter ihnen gab es einen Mann namens "Samiri", der eher zum Bösen neigte.

Er schlug vor, dass sie einen anderen Führer bräuchten, und sagte ihnen, dass der Prophet Musa(A.S.) sie im Stich gelassen habe.

"Um wahre Führung zu finden, braucht man einen wahren Gott", rief er den Israeliten zu. "Ich werde dir einen geben", begann er zunächst, all ihren Schmuck zu sammeln. Dann grub er ein Loch in den Boden, in das er eine Partie legte, und legte den ganzen Schmuck hinein. Dann zündete er ein Feuer an.

Samiri fertigte dann aus dem geschmolzenen Metall ein goldenes Kalb an. Es war, als sei es ihnen gelungen, einen Gott zu erschaffen.

Haroon(A.S.), der Bruder des Propheten Musa(A.S.), hatte anfangs Angst, dem Volk die Stirn zu bieten. Aber als er das Götzenbild sah, ergriff er das Wort,

"Ihr begeht eine schwere Sünde!", schrie er sie an. Er warnte sie vor den Folgen ihrer Handlungen.

"Wir werden mit der Anbetung dieses Gottes erst aufhören, wenn Musa(A.S.) zurückkehrt", antworteten sie.

Diejenigen, die ihrem Glauben treu blieben, trennten sich von den Götzenanbetern. Sie standen an der Seite von Haroon(A.S.). Als Musa(A.S.) zurückkehrte, sah er seine Leute um das Götzenbild tanzen. Sein Herz war nun von Scham und Zorn erfüllt. In seinem Zorn warf er die Tafeln zu Boden. Dann zerrte er an Haroons Bart und seinen Haaren und weinte: "Was hielt Sie zurück, als Sie sahen, wie sie das taten? Warum hast du dich nicht gegen sie gewehrt?"

"Oh Sohn meiner Mutter, lass meinen Bart los. Sie waren dabei, mich zu töten." Musa(A.S.) verstand Haroons Hilflosigkeit, und er begann, mit der Situation ruhig und weise umzugehen. Er rief Samiri und sagte: "Verschwinde von hier. Du sollst für den Rest deines Lebens allein leben." Musa(A.S.) schickte ihn für immer ins Exil. Er wusste, dass Allah sie für die Götzenanbetung bestrafen würde. Also wählte er siebzig Senioren aus jedem Stamm aus und befahl sie.

"Eile zu Allah(S.W.T.) und bereue, was du getan hast." Dann begann er mit den siebzig Ältesten den Berg Sinai zu besteigen. Als sie den Gipfel erreicht hatten, bat der Prophet die Ältesten, auf ihn zu warten, und er ging voraus. Dort begann er, mit Allah(S.W.T.) zu kommunizieren.

Die Ältesten konnten hören, wie Musa(A.S.) mit Gott sprach, aber sie konnten ihn nicht sehen. Nach einiger Zeit kehrte der Prophet zurück, und die Ältesten sagten es ihm,

"O Musa! Wir werden niemals an dich glauben, bis wir Allah selbst sehen".

Ihre hartnäckige Forderung wurde mit strafenden Donnerschlägen und einem Erdbeben belohnt, das sie alle sofort tötete. Musa(A.S.) war nun sehr traurig. Er fragte sich, was er den Kindern der Israeliten sagen würde. Diese siebzig Männer waren die besten des Volkes. Also wandte er sich an Gott und betete um Vergebung. Allah erhörte seine Gebete, und er erweckte die Toten wieder zum Leben.

Die Kinder Israels wanderten viele Jahre lang in der Wüste umher. Musa^(A.S.) litt sehr unter der Unwissenheit seines Volkes. Er litt alles für das Wohl seines Volkes. Allah ließ sie wegen der von den Israeliten begangenen Sünden nie das gelobte Land erreichen.

DER TOD DES PROPHETEN MUSA^(A.S.)

Nach einigen Jahren starb der Prophet Haroon^(A.S.), während sie in der Wüste umherwanderten. Als die Todeszeit des Propheten Musa^(A.S.) gekommen war, wurde ihm der Todesengel gesandt. Als der Engel zum Propheten kam, gab er ihm einen Klaps auf das Auge. Der Engel kehrte zum Herrn zurück und sagte: "Du hast mich zu einem Sklaven gesandt, der nicht sterben wollte".

Dann sagte Allah: "Kehre jetzt zu ihm zurück. Wenn Sie ihn treffen, bitten Sie ihn, seine Hand auf den Rücken eines Ochsen zu legen. Sag ihm, dass ihm für jedes Haar, das unter seinen Arm fällt, ein Lebensjahr gewährt wird.

Der Engel kehrte zum Propheten zurück und gab ihm die Botschaft Allahs.

"Was wird danach geschehen?" fragte Musa^(A.S.).

"Der Tod", sagte der Engel.

"Dann soll es jetzt kommen", antwortete der Prophet.

Der Prophet bat daraufhin Allah^(S.W.T.), ihn in der Nähe des Heiligen Landes sterben zu lassen, damit er es zumindest aus der Ferne sehen könne. Allah gab seiner Bitte statt, und er starb kurz danach.

Der Prophet Musa^(A.S.), derjenige, zu dem Allah^(S.W.T.) direkt sprach, begegnete seinem Tod mit einer zufriedenen Seele und einem treuen Herzen.

PROPHET SALOMON^(A.S)

Der größte König aller Zeiten

DER PROPHET SULAIMAN (Salomo)^(A.S.) erbte das Prophetentum und die Herrschaft des Propheten Dawud (David)^(A.S.). Dies war keine materielle Erbschaft, da Propheten ihren Besitz nicht verlassen. Es wird an die Armen und Bedürftigen verschenkt, nicht an ihre Verwandten.

Sagte der Prophet Muhammad^(S.A.W.W),

"Das Eigentum der Propheten wird nicht vererbt, und was immer wir hinterlassen, soll für wohltätige Zwecke verwendet werden.

(Sahih Al-Bukhari)

Der Prophet Sulaiman^(A.S.) war seit seiner Kindheit sehr intelligent. Eines Tages kamen zwei Personen mit ihrem Fall vor den Augen des Propheten Dawud^(A.S.) in Gegenwart von Sulaiman^(A.S.). Einer von ihnen war ein Bauer, der andere ein armer Schäfer. Der Bauer beklagte sich darüber, dass die Schafe des armen Hirten auf seinem Hof weideten und erheblichen Schaden anrichteten. Er verlangte vom Schäfer eine Entschädigung. Dawud^(A.S.) befahl dem Schäfer, alle seine Schafe dem Bauern als Entschädigung zu geben.

Sulaiman^(A.S.), mit gebührendem Respekt vor dem Urteil seines Vaters, nahm die Erlaubnis an und schlug demütig eine andere Option vor. Er schlug vor, dass der arme Schäfer den Hof übernehmen und ihn bebauen sollte und der Bauer die Schafe halten und ihre Milch und Wolle verwenden sollte. Wenn der Hof in seinen ursprünglichen Zustand zurückversetzt wird, sollte der Bauer den Hof zurücknehmen, und die Schafe müssen dem Hirten wieder zurückgegeben werden. Dawud^(A.S.) war erstaunt über die Lösung und schätzte sie und zögerte nicht, einen Vorschlag des Kindes anzunehmen.

Der Prophet Dawud^(A.S.) war ein weiser König, und als er starb, wurde der Prophet Sulaiman^(A.S.) König. Er flehte Allah^(S.W.T.) um ein so großes und mächtiges Königreich an, wie es nach ihm keines mehr haben würde, und Allah erfüllte seinen Wunsch. Neben der Weisheit hatte Allah Sulaiman^(A.S.) mit vielen Wundern gesegnet. Er konnte die Winde kontrollieren, und er konnte mit Hilfe des Windes innerhalb kurzer Zeit endlose Entfernungen zurücklegen und Vögel und Tiere verstehen und mit ihnen sprechen. Auch die Dschinn, die jetzt aus den Augen der Menschen unsichtbare Schöpfung sind, standen unter dem Kommando von Sulaiman^(A.S.). Er war der einzige Mensch, dem Allah die Macht gegeben hatte, die Dschinn zu kontrollieren. Er konnte sie befehligen und sie für seinen Dienst einsetzen. Er konnte sie sogar für ihren Ungehorsam leiden lassen.

Allah$^{(S.W.T.)}$ wies ihn an, sowohl die Menschen als auch die Dschinn zu lehren, die Erde abzubauen und ihre Mineralien zu gewinnen, um Werkzeuge und Waffen herzustellen. Er begünstigte ihn auch mit einer Mine von Kupfer, das damals ein seltenes Metall war.

In dieser Zeit waren Pferde das übliche Transportmittel. Sie waren für die Verteidigung, für den Transport von Soldaten und Wagenvorräten sowie von Kriegswaffen sehr wichtig. Die Tiere wurden gut gepflegt und gut ausgebildet. Eines Tages besuchte Sulaiman$^{(A.S.)}$ eine Parade seines Stalls. Die Fitness, Schönheit und Haltung der Pferde faszinierten ihn so sehr, dass er sie immer wieder streichelte und bewunderte. Dies beschäftigte ihn eine Zeit lang, was sich irgendwie auf seine Verehrung Allahs$^{(S.W.T.)}$ auswirkte. Dies ließ ihn erkennen, dass weltliche Dinge das Gedenken an Allah$^{(S.W.T.)}$ beeinflussen könnten, und er bereute danach gegenüber dem Herrn.

Einmal versammelte Sulaiman$^{(A.S.)}$ seine Armee, die aus verschiedenen Bataillonen von Männern, Dschinn, Vögeln und Tieren bestand. Er marschierte sie in das Land Askalon. Während sie durch ein Tal zogen, sah eine Ameise die sich nähernde Armee und schrie, um die anderen Ameisen zu warnen,

"Lauft in eure Häuser! Sonst könnten Sulaiman$^{(A.S.)}$ und seine Armee Sie in Unkenntnis zerquetschen!"

Sulaiman$^{(A.S.)}$, der den Schrei der Ameise hörte, lächelte. Er war froh, dass die Ameise ihn als einen Propheten kannte, der Allahs Schöpfung nicht absichtlich schaden würde. Er dankte Allah dafür, dass er das Leben der Ameisen gerettet hatte.

DIE ABWESENHEIT DES WIEDEHOPFES (HUD-HUD)

In Jerusalem baute Sulaiman$^{(A.S.)}$ auf einem riesigen Felsen einen wunderschönen Tempel, um die Menschen zur Anbetung Allahs$^{(S.W.T.)}$ zu locken. Heute ist dieses Gebäude als "Felsendom" bekannt. Von dort aus begleitete eine beträchtliche Gruppe von Anhängern Sulaiman$^{(A.S.)}$ auf der Pilgerfahrt zur Heiligen Moschee in Mekka. Nachdem sie ihre Hadsch vollendet hatten, reisten sie in den Jemen und kamen in der Stadt San'a an. Sulaiman$^{(A.S.)}$ war beeindruckt von ihrer geschickten Methode, Wasser durch alle ihre Städte zu leiten. Er war sehr daran interessiert, in seinem eigenen Land ähnliche Wassersysteme zu bauen, verfügte aber nicht über genügend Quellen.

Er machte sich auf die Suche nach dem Wiedehopf, der Wasser unter der Erde aufspüren konnte. Eines Tages hatte Sulaiman$^{(A.S.)}$ seine Armee aus Menschen, Tieren, Vögeln, Dschinn und natürlich Wind versammelt. Die scharfen Augen von Sulaiman^(A.S.) bemerkten das Fehlen eines einzigen Wiedehopfes (hud-hud) in der riesigen Versammlung. Er beschloss, den Vogel streng zu bestrafen oder die Todesstrafe als nicht-disziplinäre Maßnahme zu verhängen, aber er gab dem Vogel die Chance, den Grund für sein Fehlen zu erklären. Er sandte im ganzen Königreich Signale aus, um ihn anzurufen, aber er war nirgends zu finden.

Der Wiedehopf kam schließlich nach Sulaiman^(A.S.) und erklärte den Grund für die Verzögerung.

"Ich habe etwas entdeckt, von dem Sie nichts wissen. Ich bin mit wichtigen Neuigkeiten aus Sheba (Sab'a) gekommen." Sulaiman^(A.S.) wurde neugierig, und seine Wut ließ nach.

Der Vogel fuhr fort: "Jenseits des Wissens von Sulaiman^(A.S.) gibt es ein Königreich namens Scheba, das von einer Königin namens 'Bilqis' regiert wurde, die viele Dinge besaß, darunter einen prächtigen Thron. Doch trotz all dieses Reichtums ist Satan in ihr Herz und in die Herzen ihres Volkes eingedrungen. Sie beherrscht ihren Verstand vollständig. Es hat mich schockiert zu erfahren, dass sie die Sonne anstelle von Allah, dem Allmächtigen, anbeten".

Um die Angaben des Wiedehopfes zu überprüfen, schickte Sulaiman^(A.S.) mit dem Vogel einen Brief an die Königin und wartete auf die Antwort. Er wies den Vogel an, versteckt zu bleiben und alles zu beobachten.

DIE KÖNIGIN VON SHEBA

Der Wiedehopf ließ den Brief vor der Königin fallen und flog davon, um sich zu verstecken. Sie öffnete ihn und las ihn:

"Wahrlich! Es ist von Sulaiman, und wahrlich!" Es lautet: Im Namen Allahs, des Gnädigsten und Barmherzigsten, erhebe dich nicht gegen mich, sondern komm zu mir als Muslime (wahre Gläubige, die sich in voller Unterwerfung unterwerfen)". (Ch 27:30-31 Quran)

Die Königin von Saba (Bilqis) war wirklich intelligent. Nachdem sie den Brief erhalten hatte, besprach sie die Angelegenheit mit ihren Häuptlingen und suchte deren Rat. Die Häuptlinge schlugen vor, dass sie mächtig genug seien, um daraufhin zurückzuschlagen. Sie reagierten auf eine Herausforderung, denn sie hatten das Gefühl, dass jemand sie herausforderte, indem er Krieg und Niederlage andeutete und sie aufforderte, sich seinen Bedingungen zu unterwerfen. Sie sagten ihr, dass sie nur Ratschläge geben könnten, aber es sei ihr Recht, Maßnahmen zu befehlen. Sie spürte, dass sie der Invasionsbedrohung Sulaimans mit einer Schlacht begegnen wollten. Aber sie sagte es ihnen:

"Frieden und Freundschaft sind besser und weiser; Krieg bringt nur Erniedrigung, versklavt die Menschen und zerstört die guten Dinge. Ich habe beschlossen, Sulaiman, der aus unserem wertvollsten Schatz ausgewählt wurde, Geschenke zu schicken. Die Höflinge, die die Geschenke überbringen werden, werden auch Gelegenheit haben, etwas über Sulaiman und seine militärische Macht zu erfahren.

Dies war ein Zeichen ihres großartigen diplomatischen Ansatzes, Situationen mit Intelligenz und nicht mit der Arroganz von Stärke und Macht zu bewältigen.

Ein Aufklärungsteam von Sulaiman[A.S.] überbrachte ihm die Nachricht von der Ankunft von Bilqis' Boten mit einem Geschenk. Ihm war sofort klar, dass die Königin ihre Männer auf eine Sondierungsmission geschickt hatte. Daher gab er den Befehl, die Armee zu versammeln. Die Gesandten von Bilqis, die inmitten der gut ausgerüsteten Armee eintraten, erkannten, dass ihr Reichtum nichts war im Vergleich zu dem des Königreichs des Propheten Sulaiman[A.S.]. Seine Palastböden waren aus Sandelholz gefertigt und mit Goldintarsien versehen.

Sie bemerkten, dass Sulaiman[A.S.] seine Armee überwachte, und sie waren überrascht über die Anzahl und Vielfalt der Soldaten, zu denen auch Löwen, Tiger und Vögel gehörten. Die Boten standen in Erstaunen und erkannten, dass sie sich vor einer unwiderstehlichen Armee befanden.

Die Gesandten staunten über die Pracht, die sie umgab. Sie überreichten eifrig die kostbaren Geschenke ihrer Königin und sagten Sulaiman[A.S.], dass die Königin wünsche, dass er sie als einen Akt der Freundschaft annehme.

Er hat es ihnen gesagt:

"Allah[S.W.T.] hat mir viel Reichtum, ein großes Königreich und das Prophetentum gegeben. Ich bin daher jenseits von Bestechung. Mein einziges Ziel ist es, den Glauben an Tawheed, die Einheit Allahs, zu verbreiten.

Sulaiman[A.S.] bat nicht einmal darum, die Deckel der Behälter mit den kostbaren Geschenken zu öffnen! Seine Reaktion schockierte sie.

Er wies sie an, die Geschenke an die Königin zurückzubringen und ihr zu sagen, dass er ihr Königreich entwurzeln und ihr Volk aus dem Land vertreiben würde, wenn sie nicht aufhöre, die Sonne zu verehren.

Die Gesandten der Königin kehrten mit den Geschenken zurück und überbrachten die Botschaft. Sie erzählten ihr auch von den wunderbaren Dingen, die sie gesehen hatten. Statt Anstoß zu nehmen, beschloss sie, den Propheten Sulaiman[A.S.] zu besuchen. In Begleitung ihrer königlichen Beamten und Diener verließ sie Sheba und schickte einen Boten voraus, um Sulaiman[A.S.] mitzuteilen, dass sie auf dem Weg zu ihm sei.

Sulaiman[A.S.] fragte die bei ihm beschäftigten Dschinn, ob jemand unter ihnen ihren Thron in seinen Palast bringen könne, bevor sie eintrifft.

Einer von ihnen sagte: "Ich werde es Ihnen bringen, bevor diese Sitzung zu Ende ist".

Sulaiman$^{(A.S.)}$ reagierte nicht auf dieses Angebot; es schien, dass er auf ein schnelleres Mittel wartete. Die Dschinn konkurrierten miteinander, um ihm zu gefallen.

Einer von ihnen nannte sie "Ifrit", sagte: "Ich werde es Ihnen im Handumdrehen holen!"

Kaum hatte dieser - der die Kenntnis des Buches hatte - seinen Satz beendet, stand der Thron vor Sulaiman$^{(A.S.)}$. Die Mission war in der Tat in einem Wimpernschlag erfüllt. Der Sitz des Propheten Sulaiman$^{(A.S.)}$ befand sich in Palästina, und der Thron der Bilqis war im Jemen, zweitausend Meilen entfernt. Dies war ein großes Wunder, das von einem der Gläubigen, die bei Sulaiman$^{(A.S.)}$ saßen, vollbracht wurde. Danach wies Sulaiman$^{(A.S.)}$ die Dschinn an, den Thron geringfügig zu verändern, um zu prüfen, ob Bilqis in der Lage wäre, ihn zu identifizieren.

Als Bilqis im Palast von Sulaiman$^{(A.S.)}$ eintraf, wurde sie mit Pomp und Zeremonie begrüßt. Dann zeigte Sulaiman$^{(A.S.)}$ auf den umgebauten Thron und fragte sie, ob ihr Thron wie dieser aussehe. Sie sah ihn immer wieder an. In Gedanken war sie davon überzeugt, dass ihr Thron unmöglich derjenige sein konnte, auf den sie blickte, da sich der ihre in ihrem Palast befand. Sie stellte eine auffällige Ähnlichkeit fest und antwortete: "Es ist, als ob er derselbe wäre und mir in jeder Hinsicht ähnelt." Sulaiman$^{(A.S.)}$ urteilte, dass sie intelligent und diplomatisch sei.

Dann lud er sie in den majestätischen Saal ein, dessen Boden mit Glas ausgelegt war und schimmerte. In einigen Erzählungen wird berichtet, dass sich unter den Glaspassagen Wasserströme befanden, unter denen sich Fische und andere Unterwasserlebewesen befanden (genau wie in einem Aquarium). Sie glaubte, es sei Wasser, also hob sie ihr Kleid leicht über ihre Fersen, damit sie nicht nass werden. Sulaiman$^{(A.S.)}$ versicherte ihr, dass der Boden aus Glas gebaut sei. In einigen Erzählungen heißt es, er habe es erzählt, damit Bilqis ihre Beine vor Sulaiman (A.S) nicht entblößt und so ihre Bescheidenheit beschützt.

Das hat sie verblüfft. Sie hatte noch nie zuvor solche Dinge gesehen. Bilqis erkannte, dass sie sich in der Gesellschaft einer sehr kenntnisreichen Person befand, die nicht nur Herrscherin eines großen Königreichs, sondern auch eine Gesandte Allahs$^{(S.W.T.)}$ war. Sie bereute, gab die Sonnenanbetung auf, nahm den Glauben Allahs an und bat ihr Volk, das Gleiche zu tun. Bilqis sah das Glaubensbekenntnis ihres Volkes vor Sulaiman$^{(A.S.)}$ zerfallen. Sie erkannte, dass die Sonne, die ihr Volk anbetete, nichts anderes als eine von Allahs Schöpfungen war.

DER TOD DES PROPHETEN SULAIMAN$^{(A.S.)}$

Die Öffentlichkeitsarbeit von Sulaiman$^{(A.S.)}$ wurde weitgehend von den Dschinn durchgeführt. Er befahl den Dschinn, öffentlich sichtbare Strukturen wie Bögen, Bilder, Becken und riesige Kochtöpfe zu bauen. Dies war auch eine Strafe für ihre Sünden, weil sie die Menschen glauben ließen, sie seien allmächtig, kannten das Unsichtbare und konnten die Zukunft voraussehen. Als Prophet war es die Pflicht von Sulaiman^(A.S.), solche falschen Überzeugungen von seinen Anhängern zu entfernen, so dass sie keine von Allahs Schöpfungen anbeten sollten.

Der Prophet Sulaiman^(A.S.) lebte inmitten der Herrlichkeit, und alle Geschöpfe waren ihm unterworfen. Dann ordinierte Allah, der Erhabene, ihm den Tod. Sein Leben und sein Tod waren voller Wunder und Wundertaten; so harmonisierte sein Tod mit seinem Leben und seiner Herrlichkeit. Sein Tod war, wie sein Leben, einzigartig.

Einmal saß er mit seinem Stab in der Hand und beaufsichtigte die Dschinn bei der Arbeit in einem Bergwerk. Während er in dieser Position saß, wurde ihm die Seele genommen. Lange Zeit war sich niemand seines Todes bewusst, denn man sah ihn aufrecht sitzen. Die Dschinn verrichteten ihre Arbeit noch lange Zeit und dachten, dass Sulaiman^(A.S.) über sie wachte und aufrecht über seinem Stab saß. Dies deutet darauf hin, dass die Zukunft und das Unsichtbare nicht von irgendeinem Dschinn oder Menschen bekannt ist, sondern nur von Allah allein und von wem auch immer Allah das Wissen schenken möchte.

Viele Tage später begann eine hungrige Ameise, Sulaiman^(A.S.) Stab zu knabbern. Sie fuhr damit fort, den unteren Teil des Stabes zu fressen, bis er dem Propheten aus der Hand fiel, und als Sulaiman^(A.S.) sich auf den Stab stützte, fiel sein großer Körper auf den Boden. Die Menschen eilten zu ihm und erkannten, dass er schon vor langer Zeit gestorben war und dass die Dschinn das Unsichtbare nicht wahrnahmen, denn wenn die Dschinn das Unsichtbare gewusst hätten, hätten sie nicht weitergearbeitet und gedacht, dass Sulaiman^(A.S.) am Leben war.

PROPHET ISA^(A.S)

Der Heiler und Aufersteher

DIE BEDEUTUNG DES PROPHETEN Isa^(A.S.) ist aus dem Status ersichtlich, der ihm verliehen wurde. Er war der letzte Gesandte und Prophet vor dem Propheten Muhammad^(P.B.U.H.). Er war auch der letzte Gesandte von Bani-Israel. Allah hatte der Familie des Propheten Isa^(A.S.) eine besondere Gunst erwiesen, indem er seinen Namen 25 Mal erwähnte. Der Name seiner Mutter wird ebenfalls 31 Mal erwähnt.

FROMMER MARYAM^(A.S.) UND DIE GEBURT DES PROPHETEN ISA^(A.S.)

Maryam^(A.S.) war die Tochter des Propheten Imran^(A.S.). Der Prophet Zakaria^(A.S.) kümmerte sich um dieses kleine Mädchen und baute für sie einen separaten Raum im Tempel. Als Maryam^(A.S.) heranwuchs, verbrachte sie ihre Zeit in Hingabe an Allah^(S.W.T.). Der Prophet Zakaria^(A.S.) besuchte sie täglich, um sich ein Bild von ihren Nöten zu machen, und so ging es viele Jahre lang weiter. Er lehrte und leitete sie. Maryam^(A.S.) wuchs zu einer Anhängerin Allahs heran und verherrlichte ihn Tag und Nacht.

Eines Tages betete Maryam^(A.S.) wie immer in ihrem Zimmer. Da erschien vor ihr ein Engel in Gestalt eines Mannes.

Maryam^(A.S.) hatte furchtbare Angst, weil sie dachte, dieser Mann sei hier, um ihr zu schaden. Sie rief: "Ich suche bei Allah Zuflucht vor dir, wenn du Allah fürchtest. "

Da sagte der Engel: "Ich bin nur ein Bote deines Herrn an dich. Ich bin gesandt worden, um dir ein frommes Kind zu geben, das rein von Sünden ist."

Sie hatte sich inzwischen beruhigt. Sie fragte den Engel: "Wie kann ich einen Sohn haben, wenn kein Mann mich berührt hat?

"Das ist für Allah sehr einfach. Allah wird ihn zu einem Zeichen für das Volk und zu einem Hinweis auf die Macht Allahs machen. " Der Besuch des Engels hat sie sehr angespannt gemacht, was mit den Tagen immer mehr zunimmt.

Nach einigen Monaten konnte sie die psychische Belastung nicht mehr ertragen. Mit einem schweren Schoß beladen, verließ sie die Stadt, ohne zu wissen, wohin sie gehen sollte. Maryam^(A.S.) war nicht weit gekommen, als sie plötzlich von den Geburtswehen überwältigt wurde. Sie setzte sich an die trockene Palme, und hier gebar sie einen Sohn.

Als Maryam^(A.S.) ihr Neugeborenes betrachtete, wurde sie verletzt.

"Wie konnte sie ihn ohne einen Vater auf die Welt bringen! "rief sie aus. "Ich wünschte, ich wäre gestorben, bevor das passiert ist, und einfach verschwunden."

Plötzlich hörte sie die Stimme eines Engels, "Trauere nicht", die Stimme sagte: "Allah^(S.W.T.) hat einen kleinen Fluss unter dich gelegt. Und schüttle den Stamm dieses Baumes, von dem reife Datteln fallen werden. Esst und trinkt und gewinnt die Kraft zurück, die ihr verloren habt. Was du siehst, ist die Kraft Allah^(S.W.T.)."

Maryam^(A.S.) trank Wasser aus dem Fluss und aß die reifen Datteln. Eine Zeitlang wurde sie durch Allahs Wunder getröstet. Nach einiger Zeit stand sie auf und beschloss, in die Stadt zurückzukehren. Aber auch ihre Ängste kehrten zurück.

"Was wollte sie den Menschen sagen?" dachte sie.

Dann geschah ein weiteres Wunder. Ihr erst vor wenigen Stunden geborenes Baby begann zu sprechen.

Das Baby sagte: "Wenn Sie jemanden treffen, sagen Sie ihm einfach, dass Sie geschworen haben, heute für Allah zu fasten, und dass Sie mit niemandem sprechen werden. Mit diesem Wunder fühlte sich Maryam^(A.S.) wohl und ging auf die Stadt zu.

EIN WUNDER DURCH EIN KIND

Wie sie erwartet hatte, weckte ihre Ankunft in der Stadt mit einem Neugeborenen auf dem Arm die Neugier der Menschen.

"Das ist eine schreckliche Sünde, die Sie begangen haben!" Man schimpfte mit ihr, aber sie behielt die Ruhe. Sie legte ihre Finger auf die Lippen, gestikulierte, dass sie nicht sprechen kann, und zeigte auf ihr Kind.

Die Menschen waren wütend. "Wie können wir mit einem Neugeborenen sprechen!"

Aber es überraschte die Menschen, als das Kind zu sprechen begann. Das Kind sprach langsam und deutlich.

"Ich bin Allahs Diener. Allah^(S.W.T.) hat mir das Buch gegeben und mich zum Propheten gemacht. Allah hat mich ihr gegenüber, die mich geboren hat, pflichtbewusst gemacht. Friede sei mit mir an dem Tag, an dem ich geboren wurde, an dem Tag, an dem ich sterbe, und an dem Tag, an dem ich lebendig auferweckt werde. Die Menschen standen nur staunend da und sahen dem Kind beim Sprechen zu.

Sie erkannten, dass das Kind einzigartig war und dass es Allahs Wille war. Natürlich hielten einige die Sprache des Kindes für einen seltsamen Trick.

Aber zumindest Maryam^(A.S.) konnte nun in der Stadt bleiben, ohne belästigt zu werden.

Es wird gesagt, dass Yusuf, der Zimmermann, sehr überrascht war, als er von diesem Vorfall erfuhr.

"Kann ein Baum ohne Samen wachsen?" fragte er sie.

"Ja", antwortete sie. "Diejenige, die Allah^(S.W.T.) zum ersten Mal schuf, wuchs ohne einen Samen."

Dann fragte er sie erneut: "Ist es möglich, ein Kind ohne einen männlichen Partner zu gebären?"

"Ja", antwortete Maryam^(A.S.). "Allah^(S.W.T.) schuf Adam^(A.S.) ohne einen Mann oder eine Frau."

DIE JUGEND DES PROPHET ISA^(A.S.)

Als der Prophet Isa^(A.S.) aufwuchs, begannen auch seine prophetischen Fähigkeiten zu wachsen. Er konnte seinen Freunden sagen, was sie zum Abendessen essen würden und was sie wo versteckt hatten.

Als er 12 Jahre alt war, begleitete er seine Mutter nach Jerusalem. Als sie im Tempel ankamen, wanderte er in den Tempel und verließ seine Mutter. Der junge Prophet wanderte in einen Raum, in dem die Menschen den Vorträgen der Priester zuhörten. Obwohl die Zuhörerschaft voll von Erwachsenen war, scheute sich der Prophet nicht, sich zu ihnen zu setzen.

Nachdem er ihnen einige Zeit zugehört hatte, stand er auf und begann, Fragen zu stellen. Die Fragen, die er stellte, beunruhigten die gelehrten Priester, denn sie konnten sie nicht beantworten.

Die Priester versuchten, ihn zum Schweigen zu bringen, aber der Prophet ignorierte sie. Er stellate weiterhin Fragen und äußerte seine Meinung. Der Prophet Isa^(A.S.) ließ sich so sehr auf diesen Austausch ein, dass er seine Mutter völlig vergaß.

In der Zwischenzeit ging Maryam^(A.S.) mit dem Gedanken nach Hause, dass ihr Sohn vielleicht mit ihren Verwandten oder Freunden zurückgekehrt sei. Aber sobald sie zu Hause ankam, merkte sie, dass ihr Sohn nicht da war. Also rannte sie in die Stadt, um ihn zu finden. Sie suchte viele Stunden lang und fand schließlich ihren Sohn inmitten der Gelehrten sitzen und mit ihnen debattieren. Maryam^(A.S.) wurde sehr wütend auf ihn, da sie sich so große Sorgen machte. Aber der junge Prophet beruhigte sie, indem er ihr sagte, dass er während der Debatte mit den Priestern das Zeitgefühl verlor.

Der Prophet Isa^(A.S.) studierte die Thora ernsthaft. Er war ein frommer Anbeter Allahs^(S.W.T.) und hielt sich streng an die Regeln der Thora. Einmal am Sabbattag war der Prophet Isa^(A.S.) auf dem Weg zum Tempel, wie es der Prophet Musa^(A.S.) befohlen hatte, dass man den Samstag dem Gottesdienst Allahs widmen sollte. Die Weisheit hinter dem Sabbat war jedoch schon lange vorbei. Die Priester machten nun hundert Dinge ungesetzlich, wie sie es wünschten. Stellen Sie sich vor, es galt als gesetzeswidrig, wenn ein Arzt gerufen wurde, um einen sterbenden Patienten zu retten. Es war eine Sünde, zu essen, zu trinken oder gar die Haare zu flechten.

Aber der Prophet kümmerte sich nicht um ihre Gesetze. Er pflückte die Früchte, um ein hungriges Kind zu ernähren. Als der Priester dies sah, runzelten sie vor Zorn die Stirn. Er machte ein Feuer für die alte Frau, um sich vor dem Erfrieren zu wärmen, und dies wurde als Verstoß gegen das Sabbatgesetz angesehen. Als der Prophet schließlich im Tempel ankam, war er überrascht, über 20.000 Priester im Tempel vorzufinden. Alle von ihnen verdienten ihren Lebensunterhalt allein im Tempel.

Der Prophet Isa(A.S.) war überrascht, dass es mehr Priester als Besucher gab. Dennoch war der Tempel voll von Schafen und Tauben, die dem Volk als Opfergaben verkauft wurden. Jeder Schritt innerhalb des Tempels kostete den Besucher Geld. Der Prophet war traurig, dass die Priester nichts anderes als Geld anbeteten. Die Priester verhielten sich, als ob es sich um einen Marktplatz handelte.

Der Prophet sah, wie die armen Menschen, die sich den Preis einer Taube oder eines Schafes nicht leisten konnten, wie die Fliegen vertrieben wurden. Der Prophet wunderte sich traurig darüber, warum die Priester im Tempel so viele Opfergaben verbrannten, während draußen Tausende von armen Menschen hungrig waren.

DER BEGINN DER ENTHÜLLUNGEN & DIE OPPOSITION DER PRIESTER

In dieser Nacht wurden die beiden edlen Propheten, der Prophet Yahyah(A.S.) und der Prophet Zakaria(A.S.), von der herrschenden Autorität getötet. In dieser Nacht kam die Offenbarung auf den Propheten Isa(A.S.) herab. Allah(S.W.T.) befahl dem Propheten, seinen Ruf an das Volk Israel zu beginnen. Das einfache Leben, das der Prophet bisher gelebt hatte, war vorbei. Die Seite des Gottesdienstes und des Kampfes wurde im Leben von Isa(A.S.) aufgeschlagen.

Wie eine gegnerische Kraft prangerte Isa(A.S.) die gegenwärtigen Praktiken an und verstärkte das Gesetz des Propheten Musa(A.S.). Der Prophet forderte sein Volk auf, ein einfaches Leben zu führen, durch edle Worte und Taten. Der Prophet versuchte, den Priestern verständlich zu machen, dass die Zehn Gebote mehr Wert haben, als sie sich vorstellen. So sagte er ihnen zum Beispiel, dass das fünfte Gebot nicht nur das physische Töten verbietet, sondern alle Formen des Tötens; physisch, psychisch oder geistig. Seine Lehren verärgerten die Priester. Denn jedes Wort des Propheten war eine Bedrohung für ihre Position. Ihre Missetaten wurden aufgedeckt.

Die Priester begannen, sich gegen den Propheten zu verschwören. Eines Tages verhafteten sie eine Frau, die des Ehebruchs beschuldigt wurde. Dann riefen sie Isa(A.S.) an und fragten ihn nach seiner Meinung. Eigentlich hatten sie vor, den Propheten vor dem Volk in Verlegenheit zu bringen. Nach dem mosaischen Gesetz musste eine an Ehebruch beteiligte Person gesteinigt werden. Die Priester wussten, dass der Prophet dagegen sein würde, diese Frau zu töten, und dadurch würde der Prophet am Ende gegen das mosaische Gesetz sprechen.

Sie brachten die Ehebrecherin vor Isa^(A.S.) und fragten ihn: "Schreibt das Gesetz nicht die Steinigung der Ehebrecherin vor?

"Ja", antwortete der Prophet. Dann schaute er die Priester und die herumstehenden Menschen an. Er wusste, dass sie sündiger waren als diese Frau, die versuchte, ein Brot zu verdienen. Er erkannte, dass er, wenn er gegen sie sprach, das mosaische Gesetz missachten würde. Jetzt verstand er ihren Plan. Der Prophet lächelte dann und sprach laut zu den umstehenden Menschen: "Wer unter euch ohne Sünde ist, kann sie steinigen."

Die Priester waren überrascht, dies zu hören. Die herumstehenden Menschen zögerten. Niemand der Anwesenden wagte es, sie zu steinigen, denn sie waren alle Sünder.

Es gab keinen Anspruchsberechtigten, denn kein Sterblicher kann die Sünde richten. Nur Allah^(S.W.T.), der Barmherzigste, kann urteilen. Der Prophet hatte an diesem Tag ein neues Gesetz über den Ehebruch erlassen. Als der Prophet den Tempel verließ, folgte ihm die Frau. Der Prophet erkannte, dass er verfolgt wurde. Also blieb er stehen und fragte sie, warum sie ihm folgte. Die Frau schwieg und holte eine Flasche Parfüm aus ihrem Gewand. Sie kniete vor dem Propheten nieder und wusch seine Füße mit dem Parfüm und ihren eigenen Tränen. Dann trocknete sie seine Füße mit ihrem Haar ab. Ihre Aktion berührte Isa^(A.S.), und er forderte sie auf, aufzustehen. Der Prophet blickte dann auf und betete: "Herr, vergib ihr ihre Sünden".

Der Prophet Isa^(A.S.) betete weiterhin zu Allah^(S.W.T.) um Gnade für sein Volk. Er lehrte sein Volk, einander Gnade zu erweisen und an Allah zu glauben.

Einmal sagte er seinen Anhängern: "Ich schlafe, solange ich nichts habe, und ich stehe auf, solange ich nichts habe, und doch gibt es niemanden auf der Welt, der reicher ist als ich."

ZAHLREICHE WUNDER DES PROPHET ISA^(A.S.)

Wie alle anderen Propheten vollbrachte auch der Prophet Isa^(A.S.) viele Wunder. Allah^(S.W.T.) sandte alle Propheten mit Wundern als Beweis für ihr Prophetentum. Auf diese Weise konnten die Menschen Zeuge sein, von ihnen wissen und an ihr Prophetentum glauben. Viele der Wunder, die der Prophet Isa^(A.S.) vollbrachte, bestanden in der Heilung von Krankheiten. Die Menschen in dieser Zeit waren auf dem Gebiet der Medizin recht kenntnisreich. Und als der Prophet Kranke heilte, die für unbehandelbar erklärt wurden, sandte er eine deutliche Botschaft aus.

Der Prophet Isa^(A.S.) ging einmal an einem Mann vorbei, der blind, aussätzig und gelähmt war. Der Prophet hörte ihn sagen: "Gelobt sei Allah, der mich vor den Prüfungen beschützt hat, unter denen er die meisten Menschen leidet."

Der Prophet hörte auf zu gehen und fragte ihn: "Sag mir, welche Prüfung bleibt dir noch, um dich zu quälen? Du bist blind, aussätzig und gelähmt."

Aber der Bettler antwortete: "Er schützte mich vor einem Prozess, der der größte aller Prozesse ist, und das ist Unglauben.

Der Prophet war glücklich mit diesem armen alten Mann. Er trat vor und legte seine Hand auf die Schultern des armen Mannes. Es war ein Wunder. Sobald der Prophet den Mann berührte, heilten seine Krankheiten, und er konnte aufstehen. Allah^(S.W.T.) verwandelte ihn sogar so, dass sein Gesicht nun vor Schönheit strahlte. Der alte Mann bat den Propheten um Erlaubnis, ihn zu begleiten, und er willigte ein. Der alte Mann wurde ein Gefährte des Propheten Isa^(A.S.) und begann, mit ihm zu beten.

Einmal legte er seine Hand auf das Gesicht eines Mannes, der blind geboren wurde. Er wurde geheilt und konnte zum ersten Mal in seinem Leben sehen.

Eines Tages, als der Prophet auf dem Weg in die Stadt war. Er sah, wie eine Prozession stattfand. Der Prophet kam auf sie zu und fragte sie, was vor sich ginge.

"Dieser Mann ist tot und wir bringen ihn zur Begräbnisstätte", antwortete einer von ihnen.

Der Prophet bat sie, aufzuhören und betete zu Allah. Es war ein Wunder. Der tote Mann stand auf, und er lebte. Allah erweckte diesen Menschen wieder zum Leben.

Der Prophet Isa^(A.S.) war der Thora gefolgt, bis er die Offenbarung von Gott erhielt. Gott gab ihm ein neues Buch, "Die Injil (Bibel)". Der Prophet las dann dieses Buch, das ihm geschenkt wurde. Als der Prophet verkündete, dass er ein neues Buch von Gott erhalten hatte, gefiel dies den Menschen, die immer noch der Thora folgen, nicht.

DIE VERBREITUNG VON NAHRUNG VOM HIMMEL

Eines Tages bat der Prophet Isa^(A.S.) seine Anhänger, 30 Tage lang zu fasten. Seine Anhänger stimmten zu, und sie begannen zu fasten. Nach Ablauf der dreißigtägigen Fastenzeit begaben sich die Anhänger zusammen mit Prophet Isa^(A.S.) in die Wüste. Es war normal, dass Tausende von Menschen dem Propheten folgten, wohin auch immer er ging. Viele der Anhänger mit dem Propheten waren Kranke, die hoffen, von ihm geheilt zu werden. Auch eine Gruppe von Menschen, die gegen die Lehren des Propheten waren, folgte ihm, wohin er auch ging. Sie folgten ihm, damit sie den Propheten bei jeder Gelegenheit verspotten und herabsetzen konnten.

Nach der dreißigtägigen Fastenzeit fragten die Ungläubigen den Propheten, ob sie Nahrung vom Himmel verteilen könnten. Sie baten darum, um zu widerlegen, dass Gott ihr Fasten akzeptiert hatte. Dort waren Tausende von Menschen anwesend, und die Ungläubigen wussten, dass der Prophet niemals das liefern konnte, worum sie gebeten hatten. Sie wollten an dem Tag, an dem sie ihr Fasten brachen, etwas Besonderes essen. Sie wollten auch, dass der Brotaufstrich für sie alle ausreichen würde.

Der Prophet Isa(A.S.) stimmte ihrer Bitte zu, ging an einen stillen Ort und betete zu Allah(S.W.T.). Allah nahm die Gebete des Propheten an, und es geschah ein Wunder. Eine riesige Menge an Nahrung fiel direkt vom Himmel herab. Eine Wolke befand sich unter der Verteilung und eine Wolke über ihr, und sie war von den Engeln umgeben. Langsam kam sie auf den Boden, und während sie herunterkam, blieb der Prophet in seine Gebete vertieft.

Die Verbreitung von Lebensmitteln landete in der Nähe des Propheten. Ein weißes Tuch bedeckte die Ausbreitung. Der Prophet nahm es ab und sagte: "Im Namen Allahs, des besten Ernährers!

Als das Tuch, das die Ausbreitung bedeckte, abgenommen wurde, versammelten sich die Menschen und schauten staunend zu. Es gab sieben große Fische, sieben Brotlaibe, Essig, Salz, Honig und viele andere Früchte. Der Brotaufstrich roch wunderbar, denn noch nie zuvor hatten die Menschen etwas so Wunderbares gerochen. Der Prophet bat dann die Ungläubigen, von dem Brotaufstrich zu essen.

"Wir werden nicht davon essen, bis wir sehen, dass Sie von dem Brotaufstrich essen", antworteten sie.

"Ihr seid diejenigen, die darum gebeten haben", sagte der Prophet. "Dann solltet ihr das Essen zuerst essen. "

Doch die Ungläubigen weigerten sich weiterhin. Der Prophet bat daraufhin die Armen, Kranken, Behinderten und Blinden, von dem Brotaufstrich zu essen. Es waren über 1.000 von ihnen, und sie alle aßen von dem Brotaufstrich. Alle Kranken, die von dem Brotaufstrich aßen, wurden geheilt. Dasselbe war der Fall bei den Behinderten, den Blinden und allen anderen. Es war ein Wunder. Die Ungläubigen waren nun traurig, weil sie sich geweigert hatten, von dem Brotaufstrich zu essen, als sie zuerst eingeladen wurden.

Die Nachricht von dem Festmahl verbreitete sich schnell und erreichte die Stadt. Tausende von Menschen reisten an, um Zeuge dieses göttlichen Festes zu werden. Die Zahl der Menschen, die an diesem Fest teilnehmen wollten, war inzwischen so groß geworden. Der Prophet bat sie dann, abwechselnd an diesem Fest teilzunehmen. Es vergingen Tage, in denen jeder von den ersten bis zu den letzten Menschen aß, bis sie satt waren. Man sagt, dass fast 7.000 Menschen jeden Tag von diesem Fest aßen.

Nach vierzig Tagen bat Allah den Propheten, nur den Armen zu erlauben, vom Festessen zu essen, und nicht den Reichen. Der Prophet warnte die Menschen, ehrlich zu sein und die Reichen aufzufordern, dem Fest fernzubleiben. Er bat auch die Armen, das Essen nicht wegzunehmen, um für den nächsten Tag zu sparen.

Doch die Menschen hörten nicht zu. Die Reichen aßen unter dem Vorwand, arm zu sein, von der Ausbreitung, und viele Arme nahmen das Essen entgegen den Befehlen des Propheten mit. Infolgedessen wurde die Verteilung der Lebensmittel wieder in den Himmel gehoben, wo sie herkamen.

Die Menschen sprachen viele Jahre lang über dieses Wunder, und es überzeugte sie von Allahs Wundern.

DER AUFSTIEG DES PROPHETEN ISA^(A.S.) IN DEN HIMMEL

Als der Prophet Isa^(A.S.) dreißig Jahre alt war, sind die Priester wütend auf ihn geworden, und sie schmiedeten Pläne, den Propheten zu töten. Eines Abends saß der Prophet zusammen mit seinen zwölf Gefährten in seinem Haus.

Er sagte: "Einer von euch wird mich verraten."

Es stimmte, und es war kein anderer als Judas. Judas war an diesem Tag zu den Hohenpriestern gegangen, um sich mit ihnen zu treffen.

"Was geben Sie mir, wenn ich Ihnen Isa ausliefere? "fragte Judas den Priester.

"Wir werden Ihnen dreißig Schekel geben. "antwortete der Oberpriester.

Judas schämte sich für sich selbst. Er verließ den Raum. Der Prophet Isa^(A.S.) fragte dann einen seiner Gefährten, ob er bereit sei, seinen Platz einzunehmen, da die Soldaten kämen, um ihn zu verhaften.

"Wer von Ihnen wird bereit sein, meinen Platz einzunehmen? "fragte der Prophet. "Du wirst mein Gefährte im Paradies sein."

Ein jugendlicher Mann stand auf und stimmte bereitwillig zu. Als die Soldaten kamen, um den Propheten zu verhaften, nahmen sie stattdessen den jungen Mann und kreuzigten ihn.

Bevor sie den jungen Mann kreuzigten, wurde der Prophet Isa^(A.S.) aus einem Fenster in der Ecke des Hauses erhoben. Er ist jetzt im zweiten Himmel lebendig. Er wird vor dem Tag des Gerichts herabkommen.

Wir (als Muslime) glauben, dass der Prophet Isa^(A.S.) als Mensch auf die Erde zurückkehren wird. Er wird so zurückkehren, wie er von der Erde aufgenommen wurde, und dem Antichristen (Dajjal) nachlaufen, um ihn zu töten. Dann wird er mit Gerechtigkeit und Fairness in Übereinstimmung mit den Lehren des Islam regieren.

PROPHET MUHAMMAD ﷺ

Der letzte Gesandte & Ein Revolutionär für die Menschheit

DIE JUGEND DES PROPHETEN

Prophet Muhammad^(P.B.U.H.) wurde am 12. Juli in Mekka, Arabien, als Rabi-ul-Awwal geboren. Seine Mutter, Amina^(R.A.), war die Tochter von Wahab Ibn Abu Manaf aus der Zahrah-Familie. Sein Vater Abdullah^(R.A.) war der Sohn von Abdul Muttalib^(R.A.). Seine Vorfahren gehen auf das Adelshaus des Propheten Ismail^(A.S.), des Sohnes des Propheten Ibrahim^(A.S.), zurück.

Der Vater des Propheten starb, bevor er geboren wurde. Seine Mutter kümmerte sich bis zu seinem sechsten Lebensjahr um ihn. Als er sechs Jahre alt wurde, starb auch seine Mutter. Sein Großvater Abdul Mutallib^(R.A.) kümmerte sich liebevoll um das Waisenkind. Aber der alte Häuptling starb in den nächsten zwei Jahren, und vor seinem Tod übertrug er dem Kleinen die Verantwortung für seinen Onkel Abu Talib.

Der Prophet Muhammad^(P.B.U.H.) wuchs als gehorsamer Junge auf. Als er zwölf Jahre alt war, begleitete er seinen Onkel Abu Talib auf seiner Reise nach Basra. Sie reisten viele Monate lang in der Wüste. Als er den Propheten Muhammad^(P.B.U.H.) einem Mönch vorstellte, war er sehr beeindruckt. Dann sagte er zu Abu Talib: "Kehren Sie mit diesem Jungen zurück und schützen Sie ihn vor dem Hass der Juden. Auf Ihren Neffen wartet eine große Karriere".

Abu Talib verstand nicht ganz, was der Mönch gemeint hatte. Sein Neffe war ein ganz normales Kind. Er dankte und kehrte nach Mekka zurück. Nach dieser Reise geschah lange Zeit nichts Besonderes im Leben dieses jungen Propheten, aber alle Autoritäten sind sich einig, dass er über große Weisheit, Manieren und Moral verfügte, was unter dem Volk von Mekka selten war. Alle mochten ihn wegen seines guten Charakters und seiner Weisheit, dass er den Titel "Ameen" erhielt, was "die Gläubigen" bedeutet, und "Sadiq", was "die Wahrhaftigen" bedeutet.

Wie jedes andere Kind musste er die Hausarbeiten in seiner Familie erledigen. Sein Onkel hatte den größten Teil seines Reichtums verloren, und der Prophet half ihm, indem er sich um seine Herden kümmerte. Der Prophet Muhammad^(P.B.U.H.) führte meist ein einsames Leben. Er war traurig, als er die plötzlichen Ausbrüche blutiger Streitigkeiten unter den Menschen in Mekka sah. Das Volk scherte sich nicht um das Gesetz. Sein Herz trauerte, als er das Elend anderer Menschen sah, und solche Szenen waren in jener Zeit in Mekka an der Tagesordnung.

HEIRATSANTRAG VON KHADÎJA^(R.A.)

Als der Prophet fünfundzwanzig Jahre alt war, reiste er noch einmal nach Syrien, und hier traf er die Liebe seines Lebens, Khadîja^(R.A.).

Khadîja^(R.A.) war eine der schönsten und edelsten Frauen, die es gab. Sie stammte aus einer sehr wohlhabenden Familie, aber sie war Witwe. Obwohl sie Witwe war, hielten viele wohlhabende und prominente Männer in der Gesellschaft um ihre Hand an, aber sie lehnte sie alle ab, da sie den Wunsch verloren hatte, wieder zu heiraten. Es dauerte nur so lange, bis der Prophet Muhammad^(P.B.U.H.) in ihr Leben trat. Zu dieser Zeit suchte Khadîja^(R.A.) nach jemandem, der ehrlich war und für sie Geschäfte machen konnte. Damals wurde sie dem Propheten vorgestellt. Sie erfuhr, dass er zwar ein Waisenkind und arm war, aber aus einer adligen Familie stammte. Dieser Mann war von untadeligem moralischen Charakter und weithin bekannt als der ehrlichste Mann der Welt.

Prophet Muhammad^(P.B.U.H.) begann bald für sie zu arbeiten und machte sich zusammen mit ihrem Diener auf seine erste Geschäftsreise. Als sie zurückkamen, befragte sie den Diener über das Verhalten des Propheten. Der Diener erstaunte sie durch seinen Bericht.

"Dieser junge Mann ist der freundlichste, den ich je gesehen habe. "Er hat mich nie so hart behandelt wie viele andere, und wenn wir in der Wüste unter der sengenden Sonne unterwegs waren, war immer eine Wolke hinter uns, die uns Schatten spendete. Nicht nur das, sondern dieser neue Mitarbeiter erwies sich auch als talentierter Geschäftsmann. Zuerst verkaufte er die Waren, die sie ihm schenkte. Dann kaufte er mit dem Gewinn andere Waren und verkaufte sie wieder weiter. Auf diese Weise machte er einen doppelten Gewinn. Khadîja verliebte sich tief in den Propheten, obwohl er 15 Jahre jünger war. Sie beschloss, ihn zu heiraten.

Am nächsten Tag schickte sie seine Schwester zu diesem jungen Mann.

"Warum sind Sie noch nicht verheiratet?", fragte sie ihn.

"Aus Mangel an Mitteln. " antwortete er.

"Was wäre, wenn ich Ihnen eine Frau von Adel und Schönheit anbieten würde? Wären Sie interessiert?" fragte sie.

"Wer ist da?", antwortete er.

Als sie ihre Schwester erwähnte, kicherte der junge Mann vor Erstaunen.

"Wie konnte ich sie heiraten? Sie hat die edelsten Männer der Stadt abgewiesen. Sie waren viel reicher und prominenter als dieser arme Hirte."

Aber die Schwester antwortete: "Machen Sie sich keine Sorgen, ich werde mich darum kümmern".

Nicht lange danach heiratete der Prophet Muhammad[(P.B.U.H.)] Khadija[(R.A.)], es war der Beginn einer der liebevollsten, glücklichsten und heiligsten Ehen in der ganzen Menschheitsgeschichte. Diese Ehe gab ihm das liebevolle Herz einer Frau, die ihn tröstete und in ihm eine flackernde Flamme der Hoffnung am Leben hielt, wenn kein Mann an ihn glaubte. Der Prophet führte viele Jahre lang ein wohlhabendes Leben. Danach, als der Prophet 35 Jahre alt wurde, schlichtete er durch sein Urteil einen schwerwiegenden Streit, der Arabien in eine neue Serie von Kriegen zu stürzen drohte. Es war die Zeit des Wiederaufbaus der Ka'aba. Jeder Stamm, der sich dort versammelt hatte, wollte die Ehre haben, den Schwarzstein - die heiligste Reliquie - zu erheben. Die Führer und Männer jedes Stammes kämpften untereinander, um diese Ehre einzufordern. Dann griff ein älterer Bürger ein und sagte zu den Menschen: "Die Ka'aba ist die heiligste Reliquie,

"Sie werden auf den ersten Mann hören, der durch dieses Tor eintritt. "Das Volk stimmte zu und wartete geduldig und schaute auf das Tor. Der erste Mann, der das Tor betrat, war kein anderer als der Prophet Muhammad[(P.B.U.H.)].

Die verschiedenen Stämme suchten seinen Rat, und nachdem sie fertig waren, befahl der Prophet: "Legt den Stein auf ein Tuch. Jeder Stamm soll die Ehre haben, den Stein anzuheben, indem er einen Teil des Tuches hält. Die Menschen stimmten dieser Idee freudig zu. Der Stein wurde so platziert, und sie vollendeten den Wiederaufbau des Hauses ohne weitere Unterbrechung.

Während dieser Zeit kam ein Mann namens Osman Ibn Huwairith in Mekka an. Er versuchte, das Volk von Makkah mit byzantinischem Gold in Versuchung zu führen, und versuchte, das Gebiet von der römischen Regierung abhängig zu machen. Aber seine Versuche scheiterten, weil der Prophet eingriff und das Volk von Mekka warnte.

Der Prophet hilft immer auch den Armen und Bedürftigen. Man sagt, als sein Onkel Abu Talib in schlechte Zeiten geriet, habe der Prophet alle seine Schulden mit persönlichem Reichtum beglichen. Der Prophet übernahm auch die Erziehung des Sohnes seines Onkels, Ali[(R.A.)], und zog ihn auf. Ein Jahr später adoptierte er "Akil", einen weiteren Sohn seines Onkels.

Der Prophet Muhammad[(P.B.U.H.)] aus seinen bescheidenen Anfängen war nun wohlhabend und recht angesehen geworden. Khadîja[(R.A.)] gebar drei Söhne und vier Töchter. Aber keines der männlichen Kinder überlebte. Sie alle starben in der Kindheit selbst.

Der Prophet liebte Ali sehr, und er fand Trost in ihm. Es war in dieser Zeit, als eine Gruppe arabischer Plünderer Zaid, einen kleinen Jungen aus den Armen seiner Mutter, gefangen nahm. Diese Plünderer verkauften den Jungen dann als Sklave auf dem Markt von Ukaz! Ein Verwandter von Khadîja kaufte Zaid, und er schenkte ihn ihr. Khadidscha wiederum gab den Jungen dem

Propheten zum Geschenk. Der Prophet fühlte sich Zaid sehr verbunden, den er "Al-Habib" nannte, was "der Geliebte" bedeutet.

Zaid betrachtete den Propheten als seinen Mentor und folgte seinen Wegen. Der Junge hatte einen spirituellen Geist und die guten Sitten des Propheten. In der Zwischenzeit trauerten Zaids Eltern noch immer über den Verlust ihres Sohnes. Sie beteten täglich, dass ihr geliebter Sohn zu ihnen zurückkehren würde.

Eines Tages besuchten die Eltern von Zaid Makkah, um die Pilgerreise durchzuführen. Hier entdeckten sie Zaid und eilten mit großer Erleichterung auf ihn zu. Als sein Vater von dieser wunderbaren Nachricht erfuhr, lud er seine Taschen mit Gold und wandte sich an den Propheten Muhammad$^{(P.B.U.H.)}$. Der Vater dachte, er könne seinen Sohn von seinem Besitzer zurückkaufen. Zaid Vater traf sich und bat ihn, seinen Jungen freizulassen.

Der Prophet fragte ihn: "Wer ist diese Person, deren Freilassung Sie fordern?"

"Ihr Sklave, Zaid Ibn Haritha", antwortete der Vater.

"Soll ich Ihnen einen Weg zeigen, wie Sie Ihren Sohn zurückbekommen können, ohne das Gold zu bezahlen?"

Es überraschte den Vater. Er fragte: "Was ist das für eine Art, über die Sie sprechen?"

"Ich werde ihn hier vor Ihren Augen aufrufen. Wenn er mit Ihnen gehen möchte, steht es ihm frei, dies zu tun. Sie können ihn gerne mitnehmen, und ich werde keine Bezahlung von Ihnen verlangen, aber..." Der Prophet fuhr fort: "Wenn er es vorzieht, bei mir zu bleiben, dann werde ich ihn nicht zwingen, mit dir zu gehen."

Zaids Vater stimmte dem zu, und sie riefen den Jungen an. Der Prophet erklärte ihm dann, welche Möglichkeiten er hatte, und bat ihn, sich zu entscheiden.

"Ich werde bei Ihnen bleiben."sagte der Junge sofort.

Sein Vater war schockiert, dies zu hören.

Dann fragte er ihn: "Willst du nicht bei deinen Eltern bleiben? oder ziehst du es vor, als Sklave zu bleiben?"

"Vater...", sagte der Junge, "ich bin tief bewegt von den Qualitäten dieses Mannes. Und übrigens, er behandelt mich mit Liebe und Zuneigung. Ich kann ihn niemals verlassen und irgendwo anders leben."...schwoll das Herz des Propheten an, als er dies hörte. Er führte Zaid in das Zentrum der Stadt und behauptete lauthals: "Das ist mein Sohn. Und wir erben einander."

Daraufhin wurde Zaid Ibn Haritha in Zaid bin Muhammed umbenannt, wie es damals üblich war. Diese herzliche Beziehung dauerte bis zu seinem letzten Atemzug.

DIE OFFENBARUNG VON ALLAH^(S.W.T)

Der Prophet Muhammad^(P.B.U.H.) näherte sich dem Alter von 40 Jahren. Er war sehr traurig, wenn er den Zustand seines Volkes betrachtete. Sein Land war in Kriege zerrissen, und das Volk befand sich in der Barbarei. Sie waren dem Aberglauben und der Götzenanbetung verfallen. Das Volk kämpfte ständig miteinander. Der Prophet hatte die Angewohnheit, sich in einer Höhle auf dem Berg Hira, nur wenige Kilometer von Mekka entfernt, zurückzuziehen. Er pflegte in dieser Höhle zu beten und zu meditieren, die meiste Zeit allein. Hier verbrachte er oft die Nächte in tiefer Nachdenklichkeit und tiefer Gemeinschaft mit dem Allwissenden Allah des Universums.

In einer dieser Nächte, als niemand in seiner Nähe war, erschien ein Engel vor ihm. Der Anblick des Engels versetzte den Propheten in Erstaunen. Er traute seinen Augen nicht. Der Engel bat den Propheten dann, zu lesen. Aber wie konnte der Prophet lesen, wenn er nie zur Schule gegangen war?

"Ich bin kein Leser", sagte er zu dem Engel.

Dann packte ihn plötzlich der Engel und drückte ihn fest zusammen. Der Engel sagte wieder: "Lesen Sie."

"Ich bin kein Leser." weinte der Prophet wieder. Der Engel drückte den Propheten dann so stark, dass er dachte, er würde ohnmächtig werden.

Der Engel sagte: "Lesen! Im Namen deines Herrn und Verehrers, der den Menschen aus einem Klumpen erstarrten Blutes erschaffen hat. Lies vor! Und dein Herr ist der Großzügigste, der das Schreiben mit der Feder gelehrt hat, der den Menschen gelehrt hat, den er nicht kannte.

Der Prophet wiederholte die Worte mit zitterndem Herzen. Verwirrt durch seine Erfahrung machte sich der Prophet auf den Heimweg. Kaum hatte er sein Haus betreten, sagte er zu seiner Frau: "Wickel mich ein! Wickeln Sie mich ein! "

Er zitterte, als er dies sagte, und sie wickelte ihn in ein Handtuch, bis seine Angst verschwunden war. Er erklärte seiner Frau, was geschehen war. Als er fertig war, fragte er sie, ob sie glaube, er sei verrückt geworden.

"Allah verbiete! "antwortete sie. "Er wird sicher nicht zulassen, dass so etwas geschieht, denn Sie sprechen die Wahrheit. Du bist treu im Vertrauen. Du hilfst deinen Mitmenschen."

Dann ging sie zu ihrem Cousin, Warqa bin Naufil, der alt und blind war, aber die Schriften recht gut kannte. Er hatte sie ins Arabische übersetzt. Als sie ihm erzählte, was mit ihrem Mann geschehen war, schrie er auf,

"Heilig! Heilig! Das ist der heilige Geist, der zu Moses kam. Er wird der Prophet für sein Volk sein. Sagt ihm dies und bittet ihn, im Herzen tapfer zu sein."

Der Prophet erhielt für den Rest seines Lebens weiterhin Offenbarungen. Sie wurde auswendig gelernt und von seinen Gefährten auf Schafsfellen niedergeschrieben. Der Prophet wusste, dass das Volk die Botschaft von Gott hören musste. Also begann er, dem Volk zu predigen, was Gott ihm sagte. In den ersten Jahren seiner Mission predigte der Prophet seiner Familie und seinen engen Freunden. Die erste Frau, die sich bekehrte, war seine Frau Khadija[R.A.], und der erste Knecht war sein Diener Zaid[R.A.]. Sein alter Freund Abu Bakr[R.A.] war der erste erwachsene freie Mann, der konvertierte.

Viele Jahre später sagte der Prophet Muhammad[P.B.U.H.] dies über ihn. "Ich habe nie jemanden zum Islam berufen, der anfangs nicht zögerte, außer Abu Bakr[R.A.]."

Drei lange Jahre lang bemühte sich der Prophet still und leise, die Botschaft Gottes zu überbringen. Die Götzenanbetung war im Volk tief verwurzelt, und der Prophet versuchte, so viel wie möglich zu überzeugen. Nach drei Jahren des Kampfes gelang es ihm nur, 13 Anhänger zu gewinnen. Später erhielt der Prophet den Auftrag, offen zu predigen. Selbst seine Gefährten hatten nun begonnen, seinen Verstand in Frage zu stellen. Inzwischen hatten seine Feinde begonnen, sich gegen ihn zu verschwören. Er predigte, dass vor Gott alle Menschen gleich seien, und das stellte die Autorität der örtlichen Priester in Frage.

Eines Tages versammelten sie sich und beschlossen, die Bewegung des Propheten zu unterdrücken. Sie beschlossen, dass jede Familie die Aufgabe übernehmen sollte, die Anhänger des Islam auszurotten. Jeder Haushalt begann, seine eigenen Mitglieder, Verwandten und Sklaven, die dem Propheten folgten, zu foltern. Die Menschen wurden geschlagen, ausgepeitscht und dann ins Gefängnis geworfen. Der Hügel von Ramada und der Ort namens Bata waren nun Schauplätze grausamer Folterungen geworden. Nur der Prophet wurde ausgelassen, weil er den Schutz von Abu Talib[R.A.] und Abu Bakr[R.A.] genoss.

Dann versuchte der Priester, den Propheten in Versuchung zu bringen, sich ihrer Religion anzuschließen. Zu diesem Zweck schickten sie Utba Ibn Rabi'a zum Treffen mit dem Propheten.

"Oh Sohn meines Bruders", sagte der Bote. "Du bist durch deine Qualitäten ausgezeichnet. Und doch hast du unsere Götter angeprangert. Ich bin hier, um dir einen Vorschlag zu machen."

"Ich höre dir zu, o Sohn von Waleed", sagte der Prophet.

"Wenn Sie bereit sind, Reichtümer, Ehrungen, Würde zu erwerben, dann bieten wir Ihnen ein Vermögen, das größer ist als das, was wir unter uns haben. Wir werden Sie zu unserem Chef machen, und wir werden alles mit Ihnen besprechen. Wenn du die Herrschaft anstrebst, dann machen wir dich zu unserem König", sagte Utba.

Als er fertig war, sagte der Prophet: "Nun hört mir zu".

"Ich höre zu. "antwortete Utba.

Der Prophet rezitierte die ersten 13 Verse der Surah Fussilat.

Er lobte Allah[(S.W.T.)] und erklärte jedem, der an den einen wahren Gott glaubte, die frohe Botschaft vom Paradies. Der Prophet erinnerte ihn dann daran, was mit den Menschen von "Aad" und "Thamud" geschehen war. Als der Prophet seine Rezitation beendet hatte, sagte er zu Utba,

"Dies ist meine Antwort auf Ihren Vorschlag. Nehmen Sie nun den Kurs, den Sie für den besten halten. "

Als ihr Plan, den Propheten in Versuchung zu führen, scheiterte, wandten sie sich an seinen Onkel Abu Talib. Der Onkel des Propheten versuchte, den Propheten davon zu überzeugen, nicht mehr zum Volk zu predigen. Aber der Prophet sagte,

"O Onkel, wenn sie mir die Sonne in die rechte und den Mond in die linke Hand geben würden, um mich vom Predigen des Islam abzuhalten, würde ich niemals aufhören.

Der Prophet, überwältigt von dem Gedanken, dass sein Onkel bereit war, ihn im Stich zu lassen, wandte sich an ihn, um seine Heimat zu verlassen. Doch Abu Talib rief den Propheten lauthals zu sich. Er bat ihn, zurückzukommen. Als der Prophet zurückkam, sagte Abu Talib zu ihm: "Sag, was immer du willst. Beim Herrn! Ich werde dich nicht für immer im Stich lassen."

Die Priester aus verschiedenen Stämmen begannen, die Anhänger des Propheten öffentlich zu verfolgen. Es war zu dieser Zeit, als ein christlicher König namens "Al-Najashi" Abessinien regierte. Der Prophet hatte von der Rechtschaffenheit, Toleranz und Gastfreundschaft dieser Art von Herrscher gehört. Als die Verfolgung für die Menschen unerträglich wurde, riet der Prophet ihnen, nach Abessinien auszuwandern. Etwa 15 Familien emigrierten in kleinen Gruppen in dieses Land, um nicht entdeckt zu werden.

Dies wird als die erste Hidschra in der Geschichte des Islam bezeichnet. Dies geschah im fünften Jahr der Mission des Propheten. Die Auswanderer wurden vom König und seinem Volk freundlich empfangen. Viele andere, die durch die Hand der bösen Priester in Mekka litten, folgten ihnen bald. Die Zahl der Menschen, die auswanderten, erreichte bald etwa hundert.

Als die Priester davon hörten, waren sie wütend. Sie beschlossen, die Auswanderer nicht in Ruhe zu lassen. Sie schickten sofort zwei Gesandte zum König, die sie alle zurückbringen sollten. Als die Gesandten den König trafen, rief dieser die armen Flüchtlinge zusammen und fragte sie, was sie zu sagen hätten.

Ja'far, der Sohn von Abu Talib und Bruder von Ali, sprach dann für die Exilanten,

"Oh König, wir wurden in die Tiefe der Barbarei gestürzt. Wir haben Götzen verehrt, wir haben alles missachtet, und wir hatten kein Gesetz. Dann erweckte Allah einen Mann unter uns, der rein und ehrlich ist. Er lehrte uns die Anbetung Allahs[(S.W.T.)] und verbot uns die Anbetung der Götzen. Er lehrte uns, die Wahrheit zu sprechen und treu zu sein. Wir glauben an ihn, und wir haben seine Lehren angenommen. Seine Anhänger wurden verfolgt und zwangen uns, die Götzen wieder anzubeten. Als wir bei ihnen keine Sicherheit fanden, kamen wir in dein Königreich und vertrauten darauf, dass du uns vor ihnen retten würdest.

Als der König seine Rede hörte, bat er den Gesandten, in ihr Land zurückzukehren und die Auswanderer nicht zu behindern.

Während seine Anhänger in der Fremde Zuflucht suchten, setzte der Prophet seine Predigten gegen strikte Opposition fort. Einige von ihnen verspotteten ihn und baten um ein Zeichen. Dann sagte der Prophet: "Allah[(S.W.T.)] hat mich nicht gesandt, um Wunder zu wirken. Er hat mich gesandt, um zu euch zu predigen. "

Aber der hartnäckige Priester war nicht seiner Meinung. Sie bestanden darauf, dass sie nicht an seinen Herrn glauben würden, wenn sie kein Zeichen sehen würden. Die Ungläubigen fragten immer: "Warum zeigt er keine Wunder wie die früheren Propheten? "

"Weil Wunder sich als unzureichend erwiesen hatten, um zu überzeugen. "antwortete der Prophet. "Noah[(A.S.)] wurde mit Zeichen gesandt, was geschah dann? Wo war der verlorene Stamm Thamud? Sie weigerten sich, an den Propheten Saleh[(A.S.)] zu glauben, es sei denn, sie zeigten ein Zeichen. Dann ließ der Prophet die Felsen zerbrechen und brachte ein lebendes Kamel hervor. Er tat, worum sie baten, und was geschah dann? Im Zorn schnitten die Leute dem Kamel die Füße ab und forderten den Propheten erneut heraus, seine Drohung mit dem Gericht zu erfüllen. Am nächsten Morgen lagen sie schließlich alle tot in ihren Betten. "

Es gibt etwa siebzehn Stellen im Koran, an denen der Prophet herausgefordert hat, ein Zeichen zu zeigen, aber er gab allen die gleiche Antwort. Nach einiger Zeit traten die Priester erneut an Abu Talib heran und baten ihn, seinen Neffen im Stich zu lassen. Der ehrenwerte Mann erklärte jedoch seine Absicht, den Propheten vor jeglichem Schaden zu schützen. Die Ungläubigen quälen den Propheten und seine Anhänger weiterhin, wohin er auch ging. Aber der Prophet predigte weiter zu den Menschen, und er gewann immer mehr Anhänger.

DIE UMWANDLUNG VON UMER (R.A)

Das bemerkenswerteste Ereignis, das in dieser Zeit geschah, war die Konversion von Umer[R.A.]. Er war einer der tollwütigsten Feinde des Islam und des Propheten. Er war ein Peiniger der Muslime, und alle fürchteten ihn.

Es wird erzählt, dass Umer eines Tages in schierer Wut beschloss, den Propheten zu töten, und er verließ sein Haus mit dieser Absicht. Als er sich dem Haus des Propheten näherte, wurde er von einem Mann aufgehalten. Als der Mann erfuhr, was Umer vorhatte, sagte er ihm: "Deine Schwester und ihr Mann haben den Islam ebenfalls angenommen. Warum gehst du nicht zurück in dein Haus und bringst alles in Ordnung!"

Umer war wütend, als er hörte, dass seine Schwester und ihr Mann Muslime geworden waren. Sofort änderte er seine Richtung und machte sich auf den Weg zum Haus seiner Schwester. Als er sich ihrem Haus näherte, konnte er hören, wie der Koran rezitiert wurde.

Umer ging auf das Haus zu und klopfte an die Tür. Als die Schwester und ihr Mann das Klopfen an der Tür hörten, beeilten sie sich, das Buch zu verstecken. Umer betrat das Haus und verlangte zu wissen, was für ein summendes Geräusch er hörte. Umer's Schwester antwortete, dass es das Geräusch war, das sie miteinander sprachen. Aber Umer kannte den Klang des Korans gut, so dass er sie verärgert fragte.

"Sind Sie Muslime geworden?"

"Ja, das haben wir", antwortete der Ehemann der Schwester.

Umer war so wütend, dass er ihn schlug, und als seine Schwester versuchte, ihren Mann zu verteidigen, schlug er ihr auch ins Gesicht. Inzwischen begann Blut aus ihrem Gesicht zu tropfen. Umers Schwester stand auf und stellte sich ihrem wütenden Bruder gegenüber und sagte: "Du bist ein Feind Gottes! Du hast mich geschlagen, nur weil ich an Gott glaube. Ob es dir gefällt oder nicht, ich bezeuge, dass es keinen Gott außer Allah gibt und dass Muhammad sein Sklave und Gesandter ist. Tu, was immer du willst!"

Umer sah das Blut über das Gesicht seiner Schwester laufen. Ihre Worte hallten in seinen Ohren wider. Er verlangte, dass ihm die Worte des Korans vorgetragen werden sollten, die er gehört hatte, als er sich dem Haus näherte. Seine Schwester bat ihn, sich zu waschen, bevor sie diese Worte rezitierte. Umer willigte ein, wusch sich und kam zurück. Als seine Schwester die Worte aus dem Koran rezitierte, füllte sie seine Augen mit heißen Tränen.

"Ist es das, womit wir es zu tun hatten?", rief er. "Derjenige, der diese Worte gesprochen hat, muss verehrt werden. "Umer verließ das Haus seiner Schwester und eilte zu Allahs Gesandtem[P.B.U.H.].

Diejenigen, die mit dem Propheten zusammen waren, hatten Angst vor Umer, also versuchten sie, ihn aufzuhalten.

Der Prophet fragte ihn: "Warum bist du hierher gekommen, Sohn des Khattab?

Umer stand dem Propheten mit Demut und Freude gegenüber und sagte: "O Gesandter Gottes! Ich bin aus keinem anderen Grund gekommen, als zu sagen, dass ich an Gott und seinen Gesandten glaube. "Der Prophet wurde von Freude überwältigt und rief aus, dass Allah groß ist.

Die Bekehrung von Umer[R.A.] hatte eine wundersame Wirkung auf das Volk von Makkah. Immer mehr Menschen folgen nun dem Propheten. Die Ungläubigen machten dann das Leben des Propheten noch schwieriger. Sie verhängten ein totales Verbot des Kontakts mit der Familie des Propheten. Der Prophet war aufgrund des Verbots gezwungen, Mekka zu verlassen. Während dieser Zeit blieben der Prophet und seine Jünger meist drinnen, und der Islam machte draußen keine Fortschritte. Während der heiligen Monate, in denen die Menschen nicht gewalttätig waren, kam der Prophet heraus, um zu predigen. Das Verbot für die Familie des Propheten wurde nach drei Jahren aufgehoben, und er kehrte nach Mekka zurück.

Im folgenden Jahr starben sein Onkel Abu Talib[R.A.] und seine Frau Khadija[R.A.]. Der Prophet hatte seinen Beschützer verloren, der ihn vor Feinden schützte, und Khadija[R.A.] war seine ermutigendste Gefährtin. Nach dem Tod seiner Frau heiratete der Prophet eine verwitwete Frau, Sawda[R.A.]. Sie und ihr Mann waren in den ersten Jahren der Verfolgung nach Abessinien ausgewandert. Nachdem ihr Mann gestorben war, kehrte sie nach Mekka zurück und suchte beim Propheten Schutz. Allahs Gesandter[P.B.U.H.] erkannte ihre Opfer für den Islam an und erweiterte seine Zuflucht, indem er sie heiratete.

DIE NACHT DER REISE "AL-ASRA"

In einer ruhigen Nacht in Mekka, ein Jahr vor der Migration nach Madina, schlief der Prophet Muhammad[P.B.U.H.], als der Engel Jabrael[A.S.] vor ihm erschien. Er öffnete die Brust des Propheten, entfernte sein Herz und wusch es mit "Zam Zam"-Wasser. Dann brachte er ein Gefäß aus Gold, das Weisheit und Glauben enthielt. Er entleerte das Gefäß in die edle Brust des Propheten und verschloss es dann. Dann sah der Prophet ein weißes Tier, kleiner als ein Pferd, aber größer als ein Esel, mit Flügeln auf jeder Seite seiner Hinterbeine.

Der Prophet bestieg das Tier und machte sich auf den Weg nach Bait-ul-Maqdas in Jerusalem. Dieser Teil der Reise wird 'Al-Isra' genannt. Nachdem er das Tier bestiegen hatte, betrat der Prophet die Al-Aqsa-Moschee und betete. Dann sah er seine Vorgänger Musa[A.S.], Isa[A.S.] und Ibrahim[A.S.] vor sich stehen. Der Prophet fuhr dann fort, sie im Gebet zu führen. Dann bestieg der Prophet wieder das Tier und stieg zum Himmel auf. Diese Reise ist unter dem Namen 'Al-Mairaj' bekannt. Während der Reise vom ersten bis zum siebten Himmel führte Angel Jabrael[A.S.] Allahs Gesandter[P.B.U.H.] zu vielen Szenen, darunter das Paradies und die Hölle. Im Paradies sah er Behausungen aus Perlen und ihre Böden aus Moschus. Er wurde auch in die Hölle gebracht, wo Allah ihm Szenen aus der Zukunft offenbarte. Er sah, wie Menschen für verschiedene Sünden schreckliche Strafen erhielten. Dann führte der Engel den Propheten zu dem Lote-Baum. Von diesem Punkt der Reise stieg der Prophet Muhammad[P.B.U.H.] ohne Jabrael[A.S.] weiter auf. Über dem siebten Himmel begann 'La-Makan', wohin kein Wesen jemals ging. Dort sprach Allah[S.W.T.] direkt zum Propheten Muhammad[P.B.U.H.] und offenbarte ihm die letzten Verse von "Al-Baqara". Während dieser wundersamen Reise gab Allah[S.W.T.] dem Propheten die Gabe "Salah" und machte die täglichen Gebete zur Pflicht. Ursprünglich waren fünfzig tägliche Gebete obligatorisch. Aber als der Prophet diese Anweisungen von Allah erhielt und herunterkam, traf er Musa[A.S.]. Der Prophet Musa[A.S.] fragte nach den Gaben, die Allah ihm für seine "Umma" gegeben hatte. Als der Prophet Muhammad[P.B.U.H.] ihn über die 50 Gebete informierte, sagte der Musa[A.S.],

"Ihr Volk wäre nicht in der Lage, jeden Tag fünfzig Gebete zu verrichten. Ich habe es bei den Leuten vor Ihnen versucht. Ich hatte es mit den Kindern Israels zu tun, und es war sehr schwierig für mich. Geht zurück zu eurem Herrn und bittet ihn, die Last auf eurer Umma zu verringern.

Der Prophet tat, was ihm geraten wurde, und kehrte zu Allah zurück. Allah reduzierte ihn auf fünfundvierzig, aber als er wieder bei der Musa[A.S.] vorbeikam, schlug er vor, zum Herrn zurückzukehren und aus demselben Grund um eine weitere Reduzierung zu bitten. Es geschah mehrere Male, und der Prophet fuhr so lange hin und her, bis Allah sagte: "Es werden täglich fünf Gebete gesprochen werden, und jedes wird als zehn belohnt werden, so dass es 50 täglichen Gebeten entspricht.

Der Prophet traf dann noch einmal mit Musa^(A.S.) zusammen und informierte ihn über die fünf täglichen Gebete. Musa^(A.S.) wiederholte, dass er wieder zurückgehen solle. Der Prophet sagte jedoch: "Ich habe meinen Herrn gebeten, bis ich zu schüchtern bin, ihm gegenüberzutreten. Ich nehme dies an und unterwerfe mich ihm."

Der Prophet kehrte dann nach Hause zurück und fand sein Bett noch warm vor. Allahs Gesandter^(P.B.U.H.) erzählte den Gläubigen von dieser Reise und überbrachte ihnen die frohe Botschaft.

DER HIDSCHRA IN RICHTUNG MADINA

Der Islam breitete sich in der Region rasch aus. Und deshalb waren die Ungläubigen wütend. Eines Tages beschlossen die Führer, den Propheten zu töten. Sie schmiedeten einen Plan, bei dem ein Mann aus jedem ihrer Stämme ausgewählt wurde, und planten, den Propheten nachts gleichzeitig anzugreifen. Allah informierte den Propheten in dieser Nacht über ihre Pläne und bat ihn, Makkah sofort zu verlassen.

Allahs Gesandter^(P.B.U.H.) verließ Makkah mit Abu Bakr^(R.A.) in der Dunkelheit der Nacht. Sie gingen südlich von Makkah zu einem Berg in der "Höhle von Thawr". Nachdem sie dort drei Nächte verbracht hatten, reisten sie nach Madina. Dies ist der Beginn einer neuen Ära im Leben des Gesandten Allahs^(P.B.U.H.). Dies ist als "die Hidschra" bekannt, was die Wanderung des Propheten aus seiner Heimatstadt Makkah bedeutet. Der islamische Kalender beginnt mit diesem Ereignis.

Als die Ungläubigen davon hörten, setzten sie demjenigen, der den Propheten gefangen nahm, eine Belohnung von hundert Kamelen aus. Aber trotz ihrer besten Suchtrupps kam der Prophet sicher in Madina an. Die Menschen in Madina hießen den Propheten herzlich willkommen.

Einer nach dem anderen gingen die Gläubigen in Mekka nach Madina und hinterließen ihren Besitz und ihre Häuser.

Als der Prophet und sein Volk sich in Madina niederließen, wurde es von vielen verschiedenen Stämmen regiert. Diese Stämme stritten sich ständig miteinander. Erst als der Prophet ankam, hatten sie Frieden miteinander. Die Stammesangehörigen vergaßen diese alten Fehden und waren im Band des Islam vereint. Um alle in engeren Bindungen zu vereinen, gründete der Prophet zwischen ihnen eine Bruderschaft. Der erste Schritt, den der Prophet nach seiner Ansiedlung in Madina unternahm, war der Bau einer Moschee zur Verehrung Allahs. Dann verfasste der Prophet eine Charta, um ein geordnetes Zusammenleben aller verschiedenen Menschen zu ermöglichen, in der ihre Rechte und Pflichten klar definiert sind. Diese Charta bildete den Rahmen für das erste vom Propheten organisierte Gemeinwesen. Nach seiner Emigration nach Madina verstärkten die Feinde des Islam ihre Angriffe von allen Seiten. Die Schlacht von Badr und Uhud wurde in der Nähe von Madina geschlagen.

Der Ruhm von Allahs Gesandtem^(P.B.U.H.) hatte sich inzwischen weit und breit verbreitet. Viele Delegationen aus allen Teilen Arabiens kamen, um den Propheten zu besuchen. Als sie die Lehren des Propheten erfuhren, waren sie beeindruckt und wurden zu Anhängern des Propheten. Der Prophet sandte auch viele seiner Gefährten, die den Koran auswendig kannten, in neue Länder. Sie wurden gesandt, um den dort lebenden Menschen den Islam zu predigen.

Er schrieb auch Briefe an mehrere Könige und Herrscher und lud sie zum Islam ein. Najashi, der König von Abessinien, gehörte zu den ersten Herrschern, die den Islam annahmen. Es folgten viele weitere Könige und Herrscher.

DER SIEG VON MAKKAH

Etwa zwei Jahre später, Ende 629 n. Chr., verletzten die Ungläubigen die Bedingungen und griffen die Anhänger des Propheten an. Die Männer, denen die Flucht gelang, suchten Zuflucht in Mekka und suchten die Hilfe des Propheten, um ihr Leben zu retten. Der Prophet erhielt ihre Botschaft und bestätigte alle Berichte über den Angriff. Der Prophet marschierte dann mit dreitausend Männern in Richtung Mekka. Als er außerhalb von Mekka ankam, hatten sich ihm seine Anhänger aus den Nachbarländern angeschlossen, und sie waren jetzt über zehntausend Menschen.

"Mit Ausnahme derer, die geduldig sind und rechtschaffene Taten vollbringen; diese werden Vergebung und große Belohnung erhalten. "

[Hud 11:11]

Bevor er die Stadt betrat, ließ er die Bürger von Mekka wissen, dass jeder, der in seinem Haus, in Abu Sufyans Haus oder in der Kaa'ba blieb, in Sicherheit sei. Die Armee drang kampflos in Mekka ein, und der Prophet begab sich direkt in die Kaa'ba. Er dankte Allah^(S.W.T.) für den triumphalen Einzug in die heilige Stadt. Dann zeigte er mit einem Stock, den er in der Hand hielt, auf jeden Götzen und sagte,

"Die Wahrheit ist gekommen und die Falschheit ist verschwunden. Sicherlich wird die Lüge verschwinden! "

Und einer nach dem anderen fielen die Idole zu Boden. Die Kaa'ba wurde dann durch die Entfernung aller dreihundertsechzig Götzen gereinigt und in ihren ursprünglichen Zustand zurückversetzt.

Der Prophet stellte sich dann an die Seite der Kaa'ba und sagte: "O ihr Ungläubigen, was glaubt ihr, was ich jetzt mit euch vorhabe? "

"Du bist ein Edelmann, Sohn eines edlen Bruders."

Allahs Gesandter^(P.B.U.H.) vergab ihnen allen mit den Worten: "Ich werde dich behandeln, wie der Prophet Yusuf^(A.S.) seine Brüder behandelt hat. Es gibt keinen Vorwurf gegen dich. Geht in eure Häuser, und ihr seid alle frei."

Das Volk von Mekka akzeptierte den Islam, einschließlich der entschiedenen Feinde des Propheten. Wenige seiner Feinde waren aus der Stadt geflohen, als der Prophet eingezogen war. Aber als sie die Zusicherung des Propheten erhielten, keine Vergeltung zu üben und keinen religiösen Zwang auszuüben, kehrten sie allmählich nach Mekka zurück. Innerhalb eines Jahres, 630 n. Chr., hatte fast ganz Arabien den Islam angenommen.

Seine letzte Pilgerfahrt unternahm der Prophet im Jahre 632 n. Chr. Etwa einhundertdreißigtausend Männer und Frauen pilgerten in jenem Jahr mit ihm.

Zwei Monate später erkrankte der Prophet und verstarb nach einigen Tagen am Montag, dem 12. Rabbi-ul-Awwal, dem elften Jahr nach der Hidschra in Madina.

Der Prophet Muhammad$^{(P.B.U.H.)}$ lebte ein sehr einfaches, strenges und bescheidenes Leben. Er und seine Familie verzichteten tagelang auf eine gekochte Mahlzeit und verließen sich nur auf Datteln, getrocknetes Brot und Wasser. Tagsüber war er der meistbeschäftigte Mann, da er seine Pflichten in vielen Rollen gleichzeitig erfüllte, als Staatsoberhaupt, Oberster Richter, Oberbefehlshaber, Schiedsrichter und in vielen anderen Funktionen. Auch nachts war er der hingebungsvollste Mann. Er verbrachte ein bis zwei Drittel jeder Nacht in Meditation und betete zu Allah$^{(S.W.T.)}$ für seine Ummah. Der Besitz des Propheten umfasste Matten, Decken, Krüge und andere einfache Dinge, selbst als er der Herrscher von ganz Arabien war.

Der Prophet Muhammad$^{(S.A.W.W)}$ wurde in Madina beigesetzt. Über dem Grab des Propheten ist eine grün gefärbte Kuppel errichtet, und entlang der Kuppel befinden sich die frühen muslimischen Kalifen Abu Bakr$^{(R.A.)}$ und Umer$^{(R.A.)}$. Die Kuppel befindet sich in der südöstlichen Ecke der Al-Masjid al-Nabawi (Moschee des Propheten).

Don't miss out!

Visit the website below and you can sign up to receive emails whenever Islamische Bücher Herausgeber publishes a new book. There's no charge and no obligation.

https://books2read.com/r/B-A-QPML-EABQB

BOOKS 2 READ

Connecting independent readers to independent writers.

Ingram Content Group UK Ltd.
Milton Keynes UK
UKHW051157230323
419044UK00009B/310

9 798201 949082